VERÖFFENTLICHUNGEN DES
VEREINES ERNST MACH

WISSENSCHAFTLICHE WELTAUFFASSUNG

DER WIENER KREIS

HERAUSGEGEBEN VOM VEREIN ERNST MACH
1929 PREIS S 2.— (RM 1.20)

ARTUR WOLF VERLAG / WIEN

Der Wiener Kreis

mit Selbstzeugnissen und Bilddokumenten
dargestellt von Manfred Geier

rororo

Rowohlt

rowohlts monographien begründet von Kurt Kusenberg
herausgegeben von Wolfgang Müller

Redaktionsassistenz: Katrin Finkemeier
Umschlaggestaltung: Walter Hellmann
Vorderseite: Moritz Schlick, um 1930
(Bildarchiv der Österreichischen Nationalbibliothek, Wien)
Rückseite: Otto Neurath, 21. Dezember 1945. Rudolf Carnap, 1935.
Hans Hahn (Bildgeber siehe Quellennachweis der Abbildungen)
Frontispiz: Titelblatt der Programmschrift des Wiener Kreises

Originalausgabe
Veröffentlicht im Rowohlt Taschenbuch Verlag GmbH,
Reinbek bei Hamburg, Dezember 1992

Satz Times PostScript Linotype Library, PM 4.0
Langosch Grafik + DTP, Hamburg
Druck und Bindung Clausen & Bosse, Leck
Printed in Germany
1090-ISBN 3 499 50508 8

Inhalt

Prolog 7
Ein Philosoph wird erschossen 7
Die Personen 16
Der Hüne mit dem roten Bart 17
Der Logiker mit dem Engelsgesicht 28
Die Mitstreiter und Weggefährten 38
Exkurs über einen Randgänger 52
Die Politik 57
Warum Wien? 57
Jour fixe der Vernunft 68
Unter dem Einfluß Wittgensteins 72
Der Verein Ernst Mach, 1928–1934 81
Die vertriebene Vernunft 90
Die Philosophie 99
Enträtselung 99
Das empiristische Sinnkriterium 106
Das Basisproblem 115
Postskriptum 125

Anmerkungen 128
Zeittafel 135
Zeugnisse 138
Bibliographie 141
Namenregister 152
Über den Autor 155
Quellennachweis der Abbildungen 156

Mord in der Wiener Universität.

22. Juni 1936: Ein Philosoph wird erschossen

Prolog

Die wissenschaftliche Weltauffassung dient dem Leben und das Leben nimmt sie auf.[1]
«Der logische Positivismus ist also tot. Aber er hat ein Vermächtnis hinterlassen.»[2]

Ein Philosoph wird erschossen

Die Sonne strahlt an diesem Morgen und verspricht einen schönen Sommertag, als er die Philosophenstiege der Wiener Universität emporsteigt. Er ist auf dem Weg zu seiner letzten Vorlesung, mit der er einen Zyklus über die Philosophie der Physik abschließen will. Im wie immer überfüllten Hörsaal 41 warten die Studierenden. Da stürmt ein bebrillter Mann in schwarzem Anzug an ihm vorbei. Er hat keine Zeit mehr zu begreifen, was jetzt geschieht. Gewaltsam und ungezähmt bricht der Tod in sein Leben ein. «Hund, du verfluchter, da hast du's!»[3] Von vier Kugeln getroffen bricht er auf den Stufen zusammen. Seine Miene ist streng, verschlossen, abweisend, vermutlich leidet er starke Schmerzen. Menschen umringen ihn, er wird aufgehoben und in die nahegelegenen Dekanatsräume getragen. Eine junge Putzfrau hält an der Tür Wache. Sie informiert die Neugierigen: «Er ist schon tot. Plötzlich sind zwei Tränen aus seinen Augen geflossen und dann war er tot.»[4]

Wie ein Lauffeuer spricht es sich herum. «Es hat den Schlick getroffen.» Im Hörsaal beginnen viele zu weinen, einige ballen die Fäuste. «Das haben die Nazis getan!» Eine Augenzeugin weiß es besser: «Nein, das war Nelböck.»

Es ist Montag, der 22. Juni 1936. Widerstandslos läßt sich der Täter festnehmen, Johann Nelböck, 33 Jahre alt, Doktor der Philosophie, ein ehemaliger Student seines Opfers. Schon seit Jahren hat er seinen Lehrer, kaum war er von ihm mit seiner Untersuchung «Die Bedeutung der Logik in Empirismus und Positivismus» 1931 promoviert worden, bedroht und geängstigt. Zweimal war er deshalb bereits angezeigt und unter dem Verdacht des Verfolgungswahns interniert und psychiatrisch untersucht, jedoch als geheilt entlassen worden. Es ging ihm schlecht. Er war arm und verdiente durch Nachhilfestunden spärliches Geld; eine universitäre Karriere als Philosophiedozent war nicht in Aussicht, seine Bewerbung um eine feste Anstellung an der Volkshochschule war vergeblich gewesen; seine Zuneigung zu einer Kommilitonin, die ihm 1930 mitgeteilt hatte, «daß sie für ihren Professor Dr. Schlick Interesse empfinde und daß sich Professor Schlick nicht ablehnend verhalte»[5], hatte keine Resonanz gefunden. Auch weltanschaulich war er aus der Bahn geworfen. Als Sohn eines armen oberösterreichischen Bauern, erzogen in einem streng katholischen Glauben, war er durch sein Philosophiestudium mit einer radikalen Kritik an religiösen und metaphysischen Erkenntnisformen konfrontiert worden, über die er in seiner Dissertation resümierte: «Damit fehlt der Metaphysik, wenn sie eine Wissenschaft von dem sein will, was jenseits der Erfahrung liegt, etwas Transzendentes zu erfassen sucht, jede logische Begründung und Rechtfertigung.»[6]

Nelböck wird des Mordes angeklagt und vor Gericht gestellt. Er gilt als geistig zurechnungsfähig. Im Prozeß (24.–26. Mai 1937) rechtfertigt er seine Tat nicht zuletzt weltanschaulich. Schlicks empiristische Kritik des transzendenten Wissens habe jede metaphysische Idee als sinnlos verworfen, dadurch habe er seine «religiösen Überzeugungen und überhaupt jeden Halt verloren»[7]. Zudem hätte Schlick nur «die Lust als Quelle des Handelns» empfohlen, seine Liebe verdorben und ihn aufs gemeinste besudelt. Das Gericht verurteilt ihn zu zehnjähriger Haft.

Nelböck wußte, welche Rechtfertigung man von ihm erwartete. Auch wenn die Motive seiner Tat aus einer schwer durchschaubaren Mischung aus enttäuschten Erwartungen, haltlosen Vermutungen und verhängnisvollen Irrtümern bestanden, so traf er doch die Tonlage, die mit wenigen Ausnahmen in der publizistischen Öffentlichkeit seit Mitte 1936 herrschte, seit jenem deutsch-österreichischen Abkommen vom 11. Juli zwischen Kurt von Schuschnigg und Adolf Hitler, mit dem die österreichische Regierung auf einen prodeutschen Kurs einschwenkte und den politisch amnestierten Nationalsozialisten in der Vaterländischen Front des christlichen Ständestaats eine politische Heimat bot. Auch in der katholischen Presse wurden die deutsch-nationalistischen und antisemitischen Stimmen lauter. Oder ist es ein Zufall, daß am 12. Juli 1936 in der katholischen Wochenschrift «Schönere Zukunft» der Artikel eines anonym bleibenden Prof. Dr. Austriacus erschien, der anläßlich der Ermordung Schlicks zur Gewissenserforschung mahnt mit den Worten: «Jetzt werden die jüdischen Kreise nicht müde, ihn als den bedeutendsten Denker zu feiern.

Der Attentäter Johann Nelböck vor Gericht. Nach nur zweijähriger Haft wurde er 1938 von den Nazis freigelassen

Wir verstehen das sehr wohl. Denn der Jude ist der geborene Ametaphysiker, er liebt in der Philosophie den Logizismus, den Mathematizismus, den Formalismus und Positivismus, also lauter Eigenschaften, die Schlick in höchstem Maße in sich vereinigte. Wir möchten aber doch daran erinnern, daß wir Christen in einem christlich-deutschen Staate leben und daß wir zu bestimmen haben, welche Philosophie gut und passend ist.»[8] Zwei Tage zuvor hatte man bereits im «Linzer Volksblatt» lesen können, daß Schlick der gehätschelte Hausphilosoph des Austromarxismus sei, ein «Mephisto des Geistes. Vierzehn volle Jahre tranken junge Menschenblüten den Giftfusel des Positivismus als Wasser des Lebens in sich hinein. Seelischer Tod und schweres seelisches Siechtum sind die Folge. In einer solchen Lage befand sich wohl Nelböck, als er seinen einstigen Lehrer erschoß.»[9]

Genug vom Täter. Wer war das Opfer? Wer war dieser Mensch, dessen Philosophie nicht «gut und passend» war für die Christen in einem christlich-deutschen Staat; der von seinen Gegnern als verführerischer Ungeist und ametaphysischer «Jude» (der er nicht war) denunziert wurde; der in einem Philosophen-Lexikon sich selbst als Vertreter eines *konsequenten und völlig reinen Empirismus* charakterisierte und über seinen Beruf schrieb: *Die Philosophie ist keine Wissenschaft, obwohl sie alle Wissenschaften durchdringt. Während nämlich diese aus Systemen wahrer Sätze bestehen und Erkenntnisse erhalten, besteht die Philosophie in der Aufsuchung des Sinnes der Sätze und schafft Verständnis, das zur Weisheit führt.*[10] Wer war dieser Moritz Schlick, dem Nelböck nur «die Lust als Quelle des Handelns» zuschrieb, ohne zu erwähnen, daß Schlick damit die Lust eines sittlichen Verhaltens meinte, das in einer *Ethik der Güte* gründet, getragen allein von dem moralischen Prinzip *Sei glücksbereit!* und orientiert durch *Rücksicht auf die Mitmenschen, Anpassung, freundliches Eingehen auf ihre Bedürfnisse bei jedem Tun und Lassen.*[11]

Nichts von dem, was er dachte, schrieb und tat, scheint einen Anlaß, gar ein akzeptables Motiv für den mörderischen Anschlag liefern zu können, dem er zum Opfer fiel. Darauf haben einzelne Mitglieder jenes Kreises von Philosophen und Wissenschaftlern, der sich seit 1924 um ihn gebildet und das Schicksal der modernen Philosophie im 20. Jahrhundert entscheidend geprägt hat, in ihren Nachrufen zu Recht hingewiesen. *Denn er war,* wie Victor Kraft 1936 beteuerte, *ein Mann von vornehmer Gesinnung, hilfsbereit gerade in großen Dingen. Er war charakterfest und aufrecht, jedoch ohne polemische Tendenz und Schärfe, eine liebenswürdige und heitere Natur.*[12] Und ein Jahr später hat sein Lieblingsschüler Herbert Feigl, der bereits 1931 nach Amerika emigriert war, in der Zeitschrift «Erkenntnis», dem Publikationsorgan des Wiener Kreises und der Berliner Gesellschaft für empirische Philosophie (Hans Reichenbach, Walter Dubislav, Kurt Grelling u. a.), die denkwürdigen Zeilen geschrieben: *Wer ihn persönlich kannte oder seine Werke auch nur mit einigem Verständnis las, weiß, daß Schlick eine der ganz wenigen wahrhaft bedeutenden Gestalten war, in einer Zeit, die durch Unrast, Krieg, Zerfall und Haß gar manchen klein gemacht, moralisch zerrieben und persönlich entwürdigt hat. Schlick hat seinen Glauben an die Menschheit nie verloren. Seinem glücklichen Temperament, seiner hoffnungserfüllten Weisheit entsprach es, die Wirren und Plagen der Gegenwart als eine vorübergehende Krankheit anzusehen und als solche sub specie aeterni philosophisch zu ignorieren. Gerade darin lag vielleicht seine Stärke als Ethiker und Lebensphilosoph.*[13]

Es liegt nahe, angesichts dieser Hochschätzung in Nelböck *nicht einen politischen Attentäter, sondern eine paranoide Persönlichkeit*[14] zu sehen. Aber damit wird übersehen, daß weder der Täter noch sein Opfer nur Privatpersonen waren. Ihr Name steht für Tendenzen des politischen und geistigen Kampfes. Denn in Nelböck haben der Haß und die moralische Verwirrung der Zeit ihren Handlanger gefunden, der mit dem Browning – Marke Klinger, Kaliber 6,35 mm – philosophiert. Und auch der Name Schlick ist mehr als nur ein Eigenname. Er ist zum Zeichen einer philoso-

Moritz Schlick, um 1930

Nationalsozialistische Demonstration vor der Wiener Universität, 1937

phischen Bewegung und Diskursivität geworden, die unter vielen Markenzeichen gegen irrationalen Dogmatismus, illusionäre Verblendung und obskure Scheinwahrheit zu kämpfen begonnen hat: als logischer Positivismus, Neopositivismus, konsequenter Empirismus, logischer Empirismus oder, wie es die Mitglieder des Kreises selbst zu sagen bevorzugten, als «Wissenschaftliche Weltauffassung». Otto Neurath, unermüdlicher Propagandist und *große Lokomotive*[15] der Bewegung, hat es 1931 programmatisch so formuliert: *Der sogenannte «Wiener Kreis der wissenschaftlichen Weltauffassung» sucht... eine metaphysikfreie Atmosphäre zu schaffen, um wissenschaftliche Arbeiten auf allen Gebieten durch logische Analyse zu fördern.*[16] Nur so kann man wissen, wovon man redet,

und kann prüfen, was man behauptet.

Es war ein sonniger Sommertag in dunkler Zeit, dieser 22. Juni 1936. Auch diese Angabe ist keine neutrale Ordnungseinheit des Kalenders. Sie ist ein Datum der politischen Kultur- und Geistesgeschichte, das an das Bestreben einer Gruppe von Menschen erinnert, die eine offene und anregende Atmosphäre des wissenschaftlichen und philosophischen Zusammenarbeitens erzeugen wollte und sich dadurch in einen sozialen und politischen Kampf verstrickte.

Mit Schlicks Ermordung war dieser Kampf verloren. Sein Tod bedeutete das faktische Ende der öffentlichen Phase des Wiener Kreises in Österreich. Sein Programm jedoch ist ungebrochen aktuell geblieben, auch wenn es in eine Maschinerie komplexer Transformationen hineingeraten ist, die in der Analytischen Philosophie der Gegenwart heterogene Formen entstehen ließ. Daran will diese Monographie erinnern.

Ihre Intention soll dabei, um Nietzsches Charakterisierung eines möglichen Nutzens der Historie für das Leben[17] zu zitieren, weder «monumentalisch» sein, auf der Suche nach den unerreichbaren Fixsternen der Vergangenheit, die in der Gegenwart nicht mehr zu finden sind, noch «antiquarisch», um pietätvoll etwas zu bewahren und zu verehren, das verlorengegangen ist. Aber auch jene im Umfeld des Positivismusstreits[18] favorisierte «kritische» Haltung wird hier nicht eingenommen, welche die philosophische und wissenschaftstheoretische Konzeption des Wiener Kreises vor Gericht zieht, intellektuell inquiriert und schließlich verurteilt. Statt dessen soll die Geschichte des Wiener Kreises – seiner Mitglieder, seiner Politik, seiner Programmatik und seiner Probleme – als Schau-

Durch Kampf-
zum Sieg

spiel eines permanenten Widerstreits vor Augen geführt werden, der heute so unausweichlich ist wie damals, auch wenn die Fronten sich verschoben und die äußeren Bedingungen sich verändert haben.

Eine aufklärerische Intelligenz revoltierte gegen eine mit Unvernünftigkeiten bevölkerte Welt. Und sie ist gescheitert. Der Faschismus vertrieb sie ins Exil oder ließ sie verstummen. Wieder einmal war, wie im Mythos von Sisyphos, der Stein in die Tiefe gerollt. Ich habe diese Monographie in der absurden Überzeugung geschrieben, daß sich die Mühe lohnt, ihn immer wieder den Berg hinaufzuwälzen, mag diese Anstrengung auch noch so vergeblich sein.

In der Nacht vom 11. auf den 12. März 1938 vor dem Bundeskanzleramt in Wien: das Zeichen der Niederlage

Die Personen

> «Wir sehen ein kompliziertes Netz von Ähnlichkeiten, die einander übergreifen und kreuzen. Ähnlichkeiten im Großen und Kleinen. Ich kann diese Ähnlichkeiten nicht besser charakterisieren als durch das Wort ‹Familienähnlichkeiten›.»[19]

Nur seinen Gegnern erscheint der Wiener Kreis als ein geschlossener Zirkel, zusammengehalten durch das feste Band eines gemeinsamen Dogmas. Dieses Vorurteil teilen seine rechten und seine linken Kritiker.

Den einen gilt er als ein organisierter Stoßtrupp gegen die Werte des christlichen Abendlandes, ausgerüstet mit den destruktiven Waffen einer inhaltsleeren Logik und einer entgeistigten Forschungsmethodik. Ähnlich sieht es von links aus. Der Wiener Kreis erscheint als eine naive Sekte, die in ihrem blinden und technokratischen Vertrauen in den fachwissenschaftlichen Fortschritt das Bestehende nicht in Frage stellt und den einzelnen Menschen seiner kritischen Stimme beraubt.

Der Wiener Kreis – ein monolithischer Block ohne individuelle Persönlichkeiten, geeicht auf den Typus des erfahrungs- und geschichtslosen Menschen? So sahen es zumindest seine Feinde und schwiegen über die einzelnen Personen, die sich in Wien zu einer gemeinsamen Arbeit zusammengefunden hatten, um eine überindividuelle Diskursivität zu entwickeln, ohne dabei individuelle Blickpunkte und Lebensperspektiven zu unterdrücken.

Es ist ein kompliziertes Netz wechselnder Übereinstimmungen und Divergenzen in strittigen Punkten, das man zu sehen bekommt, wenn man sich auf die einzelnen Mitglieder des Wiener Kreises einläßt. Nicht festgefügte Thesen oder dogmatische Lehrsätze halten sie zusammen. Es ist der Wunsch nach einer konzentrierten Kooperation von Philosophen, Mathematikern und Fachwissenschaftlern, die eine fruchtbare gegenseitige Anregung und Kritik höher achten als die genialen Entwürfe der einsamen Denker auf ihren hohen Türmen. Gemeinsam ist ihnen allein eine familienähnliche «Einstellung», die sich programmatisch äußert in der Hervorhebung des intersubjektiv Erfahrbaren, im Vertrauen auf die erhellende Kraft einer präzisen logischen Argumentationsweise und, last but not least, in dem Bemühen, eine apollinische Lebensintensität zu steigern und aus dem Wirrwarr theologischer und metaphysischer Illusionen zu befreien.

Doch bleiben wir zunächst bei den Akteuren der wissenschaftlichen Weltauffassung, die eher ein «Ellipsoid mit vielen Brennpunkten»[20] bildeten als einen geschlossenen Kreis. (Nebenbei gesagt war es Neurath, der 1929 von einem Wiener Kreis zu sprechen begann, anspielend auf «Wiener Wald», «Wiener Walzer», «Wiener Würstchen» und *andere Dinge auf der vergnüglichen Seite des Lebens*[21].)

Der Hüne mit dem roten Bart

«Wer ist Neurath?» Sie lachten und amüsiert sagte Feigl: «Sie kennen Otto Neurath nicht, den witzigsten Mann von Wien? Sie müssen mit uns kommen.»[22]

Ohne Moritz Schlick hätte es den «Schlick-Zirkel» nicht gegeben, ohne Otto Neurath nicht den Wiener Kreis. Jede Bewegung braucht ihre Antriebskraft, jede Organisation ihren Macher und Promoter. Es war Neurath, der mit unermüdlicher und sprengender Energie aus einer Diskussionsgruppe von philosophisch interessierten Wissenschaftlern und wissenschaftlich orientierten Philosophen eine «politische» Bewegung zu formen bemüht war, welche die traditionelle Philosophie und Metaphysik in ihren Grundfesten erschüttern sollte. Er war nicht ihr philosophischer Führer, präzise Formulierungen und detaillierte, logisch ausgefeilte Begründungen einer philosophischen Doktrin findet man bei ihm nicht allzu häufig. Programmatische Thesen, provozierende Anregungen und organisatorische Institutionalisierungen waren seine Stärken. *Neurath war der große Aktivist. Bei ihm war das Wissen und das Denken immer nur ein Hilfsmittel zum eigentlichen Tun, das für ihn ja doch à la longue die Revolution war. Er hatte eine revolutionäre Vergangenheit und sah sich eigentlich immer als ein Revolutionär.*[23]

Er war ein «Gigant von Mann»[24], an die 1,90 Meter groß, ein Hüne mit einem roten Vollbart, eine auffallende Andreas Hofer-Gestalt, nach der sich die Leute auf der Straße umdrehten, um zu schauen, wen sein großer Schritt zu Boden werfen würde, ein «großer, etwas korpulenter, aber sehr beweglicher Mann, extrovertiert, lebhaft und endlos energisch und unternehmend. Er war immer voll Ideen und Plänen.»[25] Seine flammenden schwarzen Augen funkelten und verrieten eine ungeheure Vitalität. Alle, die ihm begegneten, waren fasziniert von dieser stärksten Persönlichkeit des Wiener Kreises. Seine Ideen legte er dar in einer «lebhaften, interessanten und suggestiven, aber systematisch skizzenhaften Weise»[26], mit viel Witz und oft auch mittels eines so durchdringenden Organs, das nicht jedermanns Ohr fand. Schlick, der sensible Ästhet, großbürgerlich-aristokratische Feingeist und auch in politischer Hinsicht Neuraths Antipode, hat ihn nie zu sich nach Hause eingeladen, mit der Begründung: *Ich kann doch nicht einen Mann mit einer so lauten Stimme bei mir sehen; hier spielt man Mozart und unterhält sich nachher leise. Was soll da so ein Mann mit einer so lauten Stimme?*[27]

Lautstark und mit impulsiv-spontanem Esprit brachte er nicht nur den «Wiener Kreis der wissenschaftlichen Weltauffassung» zu Gehör, in unermüdlichen Diskussionen, zahlreichen Zeitschriftenartikeln und programmatischen Vorträgen. Das waren nur Etappen in einem bewegten Leben und Denken voller Dynamik, immer auf der Suche nach neuen Wegen auch dort, wo andere auf Mauern und an Grenzen stießen. Er war sein Leben lang ein Feind des Etui-Menschen, der seine Bequemlichkeit liebt und sich in seinem Gehäuse einzurichten versucht. Immer war er unterwegs, «dieser Hansdampf in allen Gassen»[28], oft getrieben auch von den äußeren Umständen. Er mußte überall aus dem Wege räumen, aber nicht um zu zerstören, sondern um ein schöpferisch-heiteres Überleben in einer Welt der Verblendung, der Gewalt und des Unglücks zu ermöglichen.

Otto Neurath wurde am 10. Dezember 1882 in Wien geboren. Von seiner Mutter scheint er die riesenhafte Gestalt und lebenslustige Energie geerbt zu haben; seine intellektuelle Entwicklung verdankt viel dem Einfluß seines jüdischen Vaters Wilhelm, eines enzy-

Wilhelm Neurath (1840–1901), der Vater von Otto Neurath

Otto Neurath, um 1919

klopädisch gebildeten Juristen und Staatswissenschaftlers, der seit 1889 als Professor an der Wiener Hochschule für Bodenkultur lehrte. «Mensch sein heißt ein Kämpfer sein» – das war der Leitspruch dieses ethischen Idealisten und Streiters auch für die Interessen des Proletariats, das nicht länger inmitten einer modernen Welt der Maschinentechnik unwissend herumtappen und sozial ausgebeutet werden sollte. Der Sohn liest die sozialtheoretischen Schriften des Vaters und nimmt dessen Gelehrsamkeit und Reformwillen in sich auf. Er studiert Nationalökonomie, Geschichte und Philosophie in Wien und Berlin, wo er 1906 mit einer Arbeit über antikes Wirtschaftsdenken promoviert. An der Neuen Wiener Handelsakademie findet er von 1907 bis 1914 eine Anstellung und lehrt Politische Ökonomie. Während des Krieges ist er an der Ostfront, gründet 1916 ein Kriegswirtschaftsmuseum in Leipzig und habilitiert sich

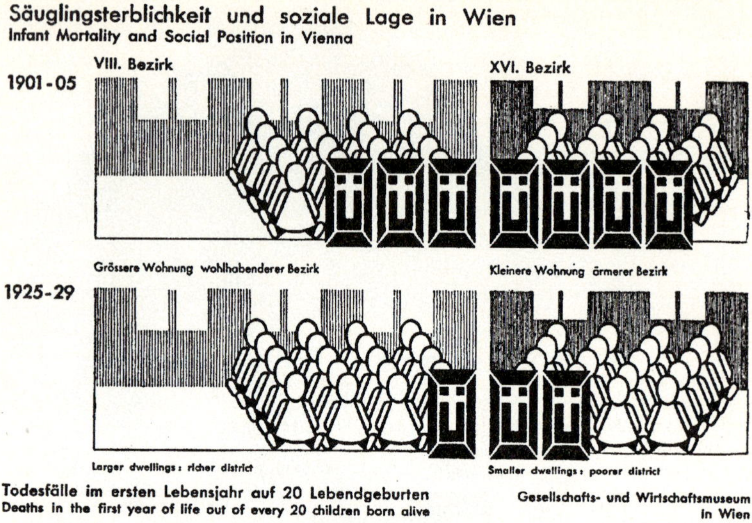

Neuraths Visualisierung des Zusammenhangs von Säuglingssterblichkeit und sozialer Lage

zudem 1917 über Kriegswirtschaftslehre an der Universität Heidelberg. Seine Erfahrungen mit der Kriegswirtschaft lassen ihn nach Ende des Krieges den Plan einer Vollsozialisierung entwerfen, den er 1919 in München, als Leiter des Zentralwirtschaftsamtes der bayrischen Räterepublik, mit «Feuer, Schwung, Begeisterung»[29] durchzudrücken versucht. Seine Vitalität ist unwiderstehlich. Er brennt vor Ungeduld und giert nach ungehemmter Arbeit. Er selbst versteht sich als Gesellschaftstechniker, *der für eine Verwaltungswirtschaft mit sozialistischer Verteilung eintritt, das heißt: einer Verteilung, welche nach allgemein gültigen Grundsätzen unter Berücksichtigung persönlicher Leistungen und persönlicher Eigentümlichkeiten, wie Alter, Geschlecht, Gesundheitszustand usw. erfolgt, aber keine Gruppenvorrechte, keine Vorrechte der Geburt, des Standes, des Erbrechtes usw. kennt.*[30] Den politisch Besonnenen erscheint er wie ein «Pistolenpolitiker»[31]. Für seine Aktivitäten wird er nach der Zerschlagung der Räterepublik wegen Beihilfe zum Hochverrat zu achtzehn Monaten Gefängnis verurteilt. Er bleibt 40 Tage in Haft und wird nach Österreich abgeschoben. Fürs Deutsche Reich erhält er siebenjähriges Einreiseverbot und verliert seine Heidelberger Privatdozentur an Max Webers Institut für Soziologie. Seine akademische Karriere ist damit zu Ende. Zurück in Wien engagiert er sich unter anderem im Siedlungs- und Kleingarten-

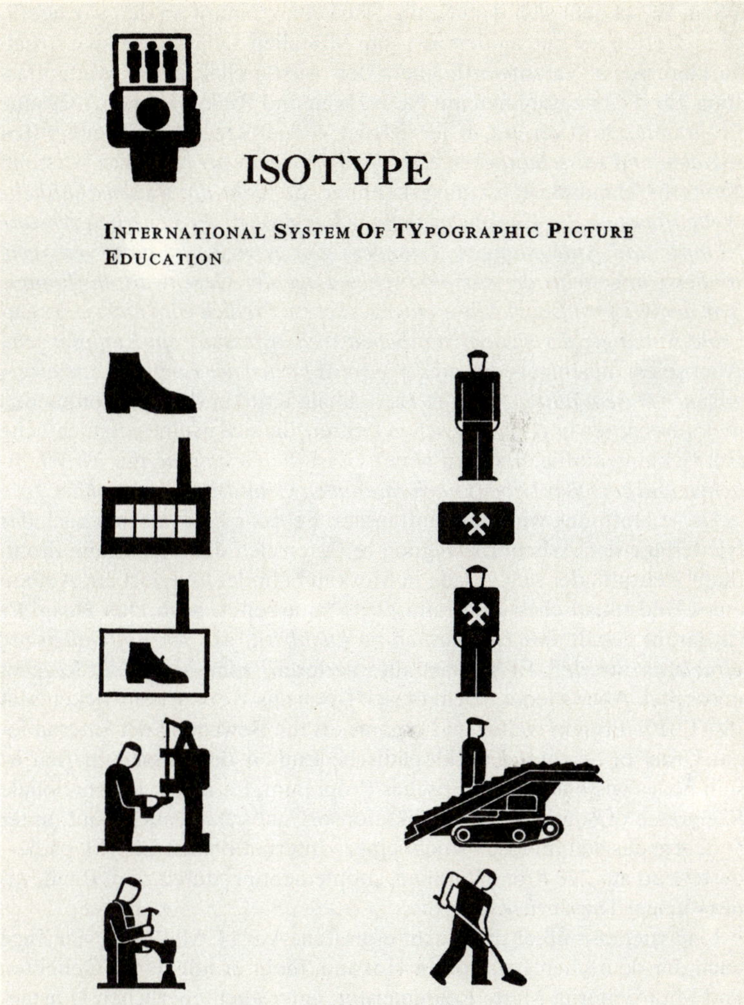

ISOTYPE: Titelvignette und Piktogramme

wesen, gründet und leitet das Gesellschafts- und Wirtschaftsmuseum als ein Volksbildungsinstitut für soziale Aufklärung, an dem auch die bahnbrechende «Wiener Methode der Bildstatistik» entwickelt wird, die später als ISOTYPE (International System Of TYpographic Picture Education) berühmt geworden ist.[32] Bis 1934 lebt und arbeitet Neurath in

Wien. Er schließt sich dem Schlick-Zirkel an, nimmt an den wöchentlichen Treffen teil und agitiert, oft zum Mißfallen Schlicks, für eine sozialaufklärerische Verantwortlichkeit der wissenschaftlichen Weltauffassung, für die er zusammen mit Hans Hahn und Rudolf Carnap 1929 eine Programmschrift verfaßt, in der sich der Wiener Kreis als Teil der *heftigen sozialen und wirtschaftlichen Kämpfe der Gegenwart* öffentlich vorstellt. Neuraths Handschrift ist unverkennbar: *So steht die wissenschaftliche Weltauffassung der Gegenwart nahe. Zwar drohen ihr sicherlich schwere Kämpfe und Anfeindungen. Trotzdem gibt es viele, die nicht verzagen, sondern, angesichts der soziologischen Lage der Gegenwart, hoffnungsfroh der weiteren Entwicklung entgegensehen. Freilich wird nicht jeder einzelne Anhänger der wissenschaftlichen Weltauffassung ein Kämpfer sein.* Aber selbst diejenigen, die *auf den eisigen Firnen der Logik ein zurückgezogenes Dasein führen*, sieht er als radikale Kritiker der überkommenen metaphysischen und theologischen Lehren, die sich in eine geschichtliche Entwicklung einfügen, deren neuer Geist *die Gestaltung des wirtschaftlichen und sozialen Lebens nach rationalen Grundsätzen leiten hilft.*[33]

Diese Hoffnung wird bald enttäuscht. Februar 1934, als ihm nach der Niederlage der Arbeiterbewegung in Österreich die Verhaftung droht, flieht Neurath, der sich gerade in Moskau befindet und dort am Aufbau eines Bildstatistischen Zentralinstituts mitarbeitet, nach Den Haag. Er ist darauf gefaßt, *am Hungertuch zu knabbern, was ich hoffentlich mit Grazie tun werde*[34]. Er hat fast alles verloren, seine materielle Lage ist miserabel. Aber wieder macht er sich frisch ans Werk. Er entwickelt sein ISOTYPE-Projekt weiter und organisiert die Bewegung der International Unity of Science. Enzyklopädische Einheit der Wissenschaften ist sein neues wissenschaftspolitisches Programm, für das er internationale Kongresse organisiert und Publikationsorgane schafft oder plant, unter anderem das voluminöse Projekt einer «Internationalen Enzyklopädie», bestehend aus 260 Monographien, supplementiert durch zehn Bände eines «Visual Thesaurus».[35]

Und wieder muß er die Flucht ergreifen. Am 14. Mai 1940, vier Tage nach der deutschen Invasion in Holland, flieht er mit seiner Geliebten und Mitarbeiterin, Marie Reidemeister, unter abenteuerlichen Umständen nach England, ohne Gepäck auf einer Nußschale von Rettungsboot. Auf der Isle of Man wird er interniert, am 9. Februar 1941 freigelassen. Er ist nicht unterzukriegen. An der Universität Oxford hält er Vorlesungen über logischen Empirismus und empiristische Sozialwissenschaften, gründet erneut ein ISOTYPE-Institut und engagiert sich in Projekten der Slum-Beseitigung für die Stadt Bilston. Noch immer ist er voller Aktivität und unversiegter Lebensenergie, auch wenn seine Lebensumstände alles andere als luxuriös sind.

Marie Neurath,
geb. Reidemeister

Am Abend des 22. Dezember 1945 sind Otto und Marie Neurath, die Februar 1941 geheiratet haben, bei Freunden eingeladen. In lockerer Atmosphäre spricht man auch über das «Glück». *Ich erzähle euch, was ich unter Glück verstehe,* beginnt Neurath. *Wenn Gott zu mir kommen und sagen würde: «Lieber Otto, ich mache dir ein Angebot. Wie du da auf deinem Hügel lebst, mit deinen Büchern, deiner Arbeit und deiner Frau, könntest du ewig weiterleben, aber es würde dir niemals besser gehen als jetzt – würdest du das akzeptieren?» Ich würde antworten: «Ja, lieber Gott, das akzeptiere ich mit Freude.»* [36] Später, wieder zu Hause, liest seine Frau ihm noch einen Brief vor, den er nachmittags geschrieben hat, humorvoll in Versen gedichtet, voller Zitate aus Goethes «Iphigenie» und mit dem Elefanten unterzeichnet, Neuraths Erkennungszeichen. Da hört Marie ihn lachen, «aber es klang etwas befremdlich und ich blickte auf. Sein Kopf lag auf dem Tisch vor ihm. Er gab keine Antwort mehr.»[37] Worüber

Otto Neurath am 21. Dezember 1945, einen Tag vor seinem plötzlichen Tod

hat er gelacht, als er starb? Waren es nur die Scherze seines Briefes? Oder lachte er über den Tod, den er, der das Leben als eine treibende, unersättlich sich selbst begehrende Macht geliebt hat, nicht fürchten konnte? Vielleicht wurde ihm in diesem letzten Augenblick ja auch der tiefe Witz von Wittgensteins Bemerkung bewußt, gegen dessen Schriften und Gedanken er so oft sein metaphysikkritisches «Unsinn!» eingeworfen hat: «Nur wer nicht in der Zeit, sondern in der Gegenwart lebt, ist glücklich. Für das Leben in der Gegenwart gibt es keinen Tod.»[38]

So bewegt sein Leben war, so beunruhigend und dynamisch war sein Denken. Nirgends sah er Dauerhaftes. Vielleicht erklärt sich daraus seine destruktive Kritik an all dem, was er als Metaphysik verurteilte und energisch bekämpfte, als einen verführerischen und trügerischen Versuch, in einem gesicherten Bereich heimisch zu werden, der jenseits der ständigen

Veränderungen und Unsicherheiten des tatsächlichen Lebens und der empirischen Tatsachen bestehen soll. Nichts hat Neuraths Widerspruch so sehr provoziert wie die philosophischen Versuche, etwas «Absolutes» feststellen zu wollen, das sich von dem abhebt, was wir sinnlich empfinden können als raum-zeitliche Ereignisse einer rein physikalischen Wirklichkeit ohne Transzendenz und Tiefe. Mögen die Philosophen, Theologen und Metaphysiker wie Feudalherren auf ihren einsamen Türmen sitzen, *von denen aus sie einander bombardieren, wobei sie die Türme während der Schlacht noch erhöhen, als wollten sie eine Zusammenarbeit immer nur schwieriger machen*[39], er wird ihre Festungen schon schleifen und noch in den letzten Schlupfwinkeln die metaphysischen Restbestände aufstöbern und wegräumen. Neurath war bei weitem der radikalste Anti-Metaphysiker des Wiener Kreises. Wenn er ein «Philosoph» war, was er nie sein wollte, dann hat er mit dem Hammer philosophiert. Er verkörperte jenen nietzscheanischen Philosophentyp, der seit den griechischen Anfängen als Bedrohung der Philosophie imaginiert worden war: den heiteren und kräftigen Giganten des materiellen Diesseits, der den olympischen Freunden der Ideen, welche die Vollkommenheit mehr lieben als das Leben, den Krieg erklärt und allein ja sagt zur unübersichtlichen Mannigfaltigkeit der raum-zeitlichen Ereignisse in ihrer unaufhörlichen Veränderung.

Von Neurath scheint Hans Hahn gesprochen zu haben, als er die Philosophie des Wiener Kreises *weltzugewandt* nannte: *sie baut ganz auf die uns durch die Sinne kundgetane Welt, sie nimmt diese Welt, wie sie sich darbietet, in ihrer Unbeständigkeit, ihrer Regellosigkeit, ihrer Buntheit, und sucht sich in ihr zurechtzufinden*. Das unterscheidet sie von der *weltabgewandten Philosophie,* die auf der Suche *nach wahren Wesenheiten* ist, *nach wahrhaftem Sein, hinter der durch die Sinne vorgetäuschten Welt des Scheins*.[40]

Neurath erkennt weder dieses «Sein» an, zu dem sein Zeitgenosse Heidegger zurückzuführen versuchte, noch einen «Gott» als sein theologisches Double. Kants kategorischer Imperativ erscheint ihm, *wenn Gott wegfällt*, als ein zutiefst absurder *Befehl, den niemand gegeben hat und dennoch soll ihn jemand empfangen*.[41] Auch der absolute Raum hätte nur dann einen Sinn, *wenn man einen Gott annimmt, der an allen Orten und zu aller Zeit gegenwärtig ist. Der absolute Raum ist gewissermaßen das Produkt eines «Sensorium Gottes» (Newton)*[42]; wenn man ihn über Bord wirft, ergibt auch die absolute Bewegung keinen Sinn mehr. Ebenso ist «die Welt» nur eine metaphysische Illusion, wenn man sie als ein *abgeschlossenes Ganzes*[43] meint; die «Seele» oder die «Einheit des Bewußtseins» sind nur psychologische Phantastereien; der «Vitalismus» der Biologie, sofern er die Wirksamkeit nicht-räumlich-zeitlicher Entitäten behauptet, ist ein Gespenst ebenso wie der «Zeitgeist» oder der «Volksgeist», von denen die Soziologen schwafeln; selbst der «homo oeconomicus» ist nur eine nationalökonomische Abstraktion, ein überhöhter Spezialfall, der die vielfältigen Ursachen und Antriebskräfte des menschlichen Handelns ungerechtfertigt verabsolutiert etc.

Wie ein *Ketzerriecher*[44], der überall Gespenster wittert, erschien Neurath manchen seiner Weggefährten, die ebenfalls vor seiner Kritik nicht geschützt waren. Manchmal konnte er schon auf die Nerven gehen. «In den frühen Diskussionen des Wiener Kreises, die sich eingehend mit dem ‹Tractatus› befaßten, wandte Neurath immer wieder ein, daß hier reine Metaphysik erörtert werde. Als Schlick ihm vorhielt, diese vielen Unterbrechungen seien störend, erbot sich Neurath, jeweils einfach ‹M!› zu sagen, wenn die Diskussion metaphysisch würde; dann schlug er aber bald eine Verbesserung vor: *Ich glaube, es würde uns allen Zeit sparen, wenn ich jedesmal ‹Non-M!› sagte, wenn hier einmal keine Metaphysik getrieben wird!*»[45] Aber nicht nur Ludwig Wittgensteins «Tractatus logico-philosophicus» war eine Zielscheibe dieses Anti-Metaphysikers. Auch Schlicks Suche nach *absoluter Gewißheit*[46] zur Begründung eines konsequenten Empirismus war ihm suspekt, ebenso der Versuch seines Freundes Rudolf Carnap, einen logischen Aufbau der Welt begriffssystematisch zu rekonstruieren: *Die Sauberkeit logischer Ordnung gewährt Eindeutigkeit! Das ist richtig! Wie aber überwindet man die Vieldeutigkeit, die schon durch die Auswahl allein eintritt?*[47] Weder allgemeine Regeln der wissenschaftlichen Kritik, das betraf besonders Karl Poppers «Logik der Forschung» mit ihrem Falsifikationskriterium[48], noch Carnaps idealsprachliche Regelun-

Neuraths Elefant. Die Briefstelle zur Zeichnung lautet:
«Ich kenne kaum einen deutschen Schriftsteller von einiger Bedeutung, der so zu schreiben versteht, daß ich seine Wärme und sein Mitgefühl spüre und seine Trauer darüber, daß Krieg und Verfolgung die Welt beherrschen.»

gen einer logischen Syntax oder gar Semantik bestanden vor dem Angriff dieses weltzugewandten Charakters, der jeden Glauben an eine systematische Ordnung als *pseudorationalistisch* verwarf: *Man mag all diese Programme so systematisch wie nur möglich erfüllen und den logischen Aufbau möglichst sorgfältig durchzuführen trachten, wir gelangen nicht zu «einem» System der Wissenschaft, das gewissermaßen an die Stelle der «wirklichen Welt» treten könnte, alles bleibt mehrdeutig und in vielem unbestimmt. «Das» System ist die große wissenschaftliche Lüge.*[49]

Was bleibt? Es bleibt die Eindeutigkeit der Tat selbst, die man nicht auf vollendete oder absolut gesicherte Einsicht gründen kann, ohne sie im Keim zu ersticken. *Wir müssen vorwärts, auch ohne Sicherheit!* heißt es bereits 1921 in seinem *Anti-Spengler*[50], den er während seiner Münchner Inhaftierung geschrieben hat. – 1928 ist es der *Kollektivismus*: Er *gibt dem einzelnen den Halt, der aus der Sache nicht immer erfließen kann, wohl nie erfließen wird!*[51] (Ist es ein Zufall, daß im gleichen Jahr der Verein Ernst Mach gegründet wird, mit dem der Wiener Kreis in seine Öffentlichkeitsphase eintritt?) – Schließlich ist es dann das integrative Programm der «enzyklopädischen Einheitswissenschaft», für das Neurath voller Elan zu streiten beginnt: eine Orchestrierung der Wissenschaften ohne Dirigenten und totalisierenden Brennpunkt, die allein auf die vereinheitlichenden Mittel einer physikalistischen Sprache vertraut und auf jeden metaphysischen oder aprioristischen Absolutismus verzichtet. *Metaphysische Termini trennen – wissenschaftliche Termini verbinden. Die Wissenschaftler, geeint durch die Einheitssprache, bilden eine Art Gelehrtenrepublik der Arbeit, möge sonst noch so vieles die Menschen trennen.*[52]

Es ist nicht verwunderlich, daß Neurath, der das Leben in seiner permanenten Bewegung erfuhr und oft an Kreuzwegen stand, ohne zu wissen, wie es weitergehen sollte, zum Organisator und Promoter des Wiener Kreises werden konnte. Nicht eine absolutistische Einsicht in das wahre Wesen der Wirklichkeit war es, die ihn dazu motivierte. Es war das Begehren, in einer Welt, deren unüberschaubare Komplexität durch keinen Absolutismus mehr zu vereinheitlichen war, es sei denn um den Preis diktatorischer Tyrannei, mit Menschen zusammenzuarbeiten, die ähnlich empfanden und arbeiteten: weltzugewandt, logisch denkend und noch immer glücksfähig, auch wenn sich die Möglichkeiten des Irrationalen und Totalitären immer deutlicher abzeichneten. In einem seiner letzten Briefe, der sich wie ein logisch-empiristisches Glaubensbekenntnis lesen läßt, hat er es noch einmal emphatisch formuliert: *Ich lege Nachdruck auf Planungen für die Freiheit. Darunter verstehe ich die Orchestrierung der Vielfalt. Andere mögen andere Programme bevorzugen. Aber niemand kann den logischen Empirismus zur Begründung eines totalitären Arguments benutzen. Er bietet nicht ein einziges Schlupfloch für Dogmatismus.*

Pluralismus ist das Rückgrat meines Denkens. Metaphysische Haltungen führen oft zum Totalitarismus, aber ich kenne keinen einzigen logischen Empiristen, der als solcher zu einer totalitären Auffassung gelangt ist.[53]

Der Logiker mit dem Engelsgesicht

Die Welt ist schweinisch eingerichtet.[54]

War Neurath der dynamische, weltzugewandte, stets «Empirismus!» fordernde Motor der wissenschaftlichen Weltauffassung, so war es sein Mitstreiter Rudolf Carnap, der dem Wiener Kreis sein logisches Profil gab und bald zum international anerkannten Repräsentanten des «logischen» Empirismus wurde. Er komplementierte mit äußerster gedanklicher Schärfe und logischer Klarheit den impulsiven Überschwang seines Freundes, dessen politische Haltung er teilte, auch wenn ihr Diskussions- und Lebensstil diametral entgegengesetzt war.

«Er war ein etwas introvertierter, außerordentlich gründlicher, systematischer und präziser Denker, der darauf bestand, philosophische Probleme so explizit und klar wie nur möglich zu formulieren und mittels exakter logisch-analytischer Methoden anzugreifen.»[55] *Neurath hat grobschlächtig formuliert und Carnap hat es sofort in tadellose logische Form gegossen, und jetzt konnte es erst wirklich diskutiert werden.*[56]

Nüchternheit ist sein Ideal. Carnap will weder Rausch noch Betäubung; nie hat er geraucht oder Alkohol getrunken; seine Wohnungen und Arbeitsräume sind stets äußerst spartanisch eingerichtet und ohne ornamentalen Schmuck; zu Affektausbrüchen läßt er sich nicht hinreißen; man hat von ihm *nie ein unhöfliches oder herabsetzendes Wort gehört.*[57] Es fehlt ihm jeder Fanatismus. Auch sein Tagesablauf ist streng geregelt und bietet für überschwengliche Ausbrüche keine Zeit. Auf dem Cello spielt er am liebsten Sonaten von Bach: *Bach ist wie Mathematik.*[58] Er ist unprätentiös, ruhig, fast emotionslos und ohne jeden Narzißmus. Lügen ist ihm fremd. «Carnap besaß eine Art unschuldiger Reinheit und kostbarer Integrität.»[59] «Angelface» neckte ihn Ina, seine zweite Frau. Die Züge seines Gesichts sind von würdigem Gleichmaß.

Ein reiner, asketischer Wunsch nach Klarheit, Exaktheit und Systematik treibt ihn zur Arbeit an. Ihnen ist er ausgeliefert als Denker und als Mensch. Alles, was sich sagen läßt, läßt sich mit logischer Klarheit sagen. Das betrifft zumindest die theoretische Sprache der wissenschaftlichen Erkenntnis, die Carnap zum bevorzugten Gegenstand seiner logischen Analyse gewählt hat. Eindeutigkeit und Schärfe der Begriffe, Korrektheit und Reinheit logischer Ableitung, Sauberkeit der wissenschaftlichen

Ina und Rudolf Carnap, Prag 1933

Methode: das sind seine Ideale. Immer wird er von dem Anspruch getrieben, aus dem dunklen Chaos gedanklicher und sprachlicher Verirrungen einen Weg ins Helle und Klare finden zu können. Zu nichts anderem sollen ihn auch die künstlichen Kalkülsprachen führen, die er konstruiert, um den Vagheiten und Vieldeutigkeiten der natürlichen Sprachen zu entkommen. Nur in ihnen glaubt er *zu exakten Formulierungen und strengen Beweisen zu gelangen*[60]. Sein Ideal ist der «vernünftige» Mensch, der sich nicht durch plötzliche Eindrücke, fließende Anschauungen und bewegliche Sprechweisen fortreißen läßt, sondern eine strenge und kühle Welt der Logik zu bauen weiß, um darin Halt und Sicherheit zu finden.

Paul Rudolf Carnap, der immer nur Carnap sein wollte und selbst von seinen Freunden sich ohne Vornamen ansprechen ließ, wurde am 18. Mai 1891 in Ronsdorf, damals eine kleine Stadt bei Wuppertal, geboren. Seine Eltern waren tief religiös, jedoch nicht im Sinne eines bestimmten theologischen Dogmas, sondern in ihrem Anspruch, ein *gutes Leben*[61] zu führen, getragen von humanitärer Toleranz und ernsthafter Wahrhaftig-

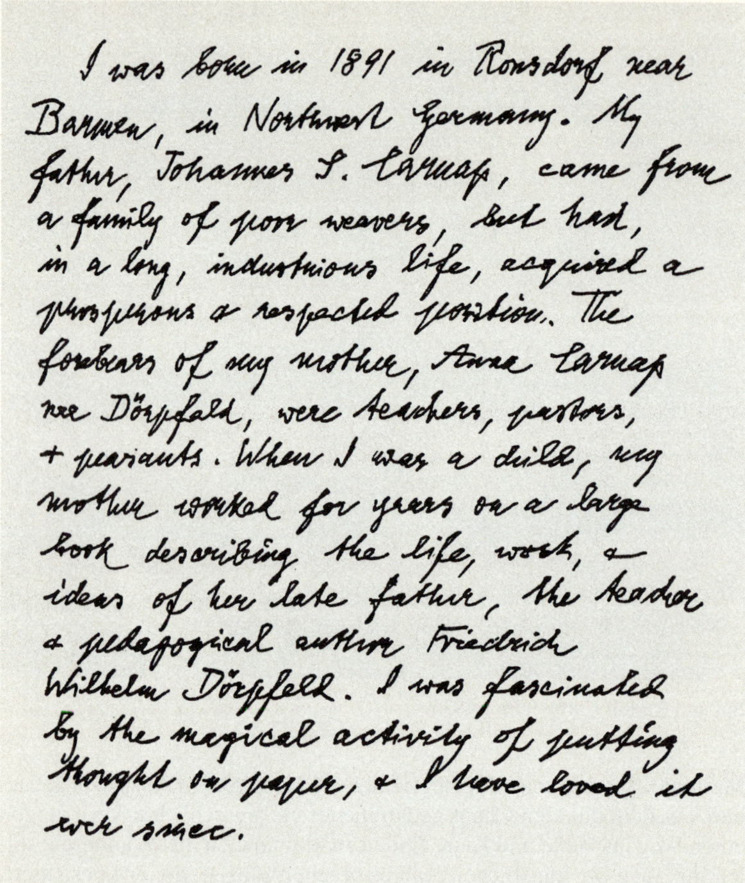
I was born in 1891 in Ronsdorf, near
Barmen, in Northwest Germany. My
father, Johannes S. Carnap, came from
a family of poor weavers, but had,
in a long, industrious life, acquired a
prosperous & respected position. The
forbears of my mother, Anna Carnap
née Dörpfeld, were teachers, pastors,
+ peasants. When I was a child, my
mother worked for years on a large
book describing the life, work, &
ideas of her late father, the teacher
& pedagogical author Friedrich
Wilhelm Dörpfeld. I was fascinated
by the magical activity of putting
thought on paper, & I have loved it
ever since.

Carnaps «Intellectual Autobiography», Seite 1

keit. Der junge Carnap teilte diese elterliche Haltung und wird sie sein Leben lang nicht aufgeben. Auch wenn er schon als Schüler, unter dem Einfluß von Büchern und Diskussionen mit Freunden, an jeder theologischen Begründung des Glaubens zu zweifeln begann, weil sie den strengen Regeln eines logischen Räsonnements nicht genügen kann und mit den Erkenntnissen der modernen Wissenschaften nicht übereinstimmt, so hat ihn diese Einsicht *zu keiner Zeit zu einer nihilistischen Haltung gegenüber moralischen Fragen geführt*[62]. Humanität war die große Aufgabe und das *letzte Ziel*, das ihm lebenslänglich vorschwebte, eine glück-

Gottlob Frege

liche Lebensform, in der das *gute Leben (the well-being) und die Entfaltung der Individuen den höchsten Wert besitzen*[63].

Von 1910 bis 1914 studierte Carnap an den Universitäten in Freiburg und Jena. Philosophie, Mathematik und Physik waren seine bevorzugten Fächer. In Jena lernte er Gottlob Frege kennen und besuchte, zusammen mit zwei anderen Studenten als den einzigen Seminarteilnehmern, dessen Kurse über «Begriffsschrift». Von diesem großen Logiker, dessen philosophische Bedeutung kaum ein Zeitgenosse zur Kenntnis nahm, erhielt Carnap sein analytisches Rüstzeug. *Frege führte auch eine Demonstration des logischen Fehlers in ontologischen Gottesbeweisen vor.*[64] Damit war für den Analytiker Carnap die Theologie als Scheinwahrheit erledigt. Er wandte sich den Freidenkern zu.

Seine gesellige Heimat aber fand er in der Freideutschen Jugend. Hier traf er auf gleichgesinnte junge Menschen, die aus der spießigen Enge der wilhelminischen Gesellschaft ausbrachen. Sie wollten nicht, wie viele Gleichaltrige, in stickigen Buden Kommersbuchlieder grölen, Pfeife rau-

Alfred North Whitehead

chen und unmäßig Bier trinken. Man wanderte im Freien, trank und rauchte nicht und erprobte eine praktisch verwirklichte Selbsterziehung in jugendlicher Gemeinschaft. Rudi Carnap wurde zum Führer des Sera-Kreises (1913/14). «Tanz- und Singabende, zuerst auf den Sommerbergen, später dauernd in Carnaps Rosengarten am Kernberghang über Jena», heißt es in den Dokumenten der Wandervogelbewegung.[65] Auch am Freideutschen Jugendtag auf dem Hohen Meißner nahm Rudi am 11. und 12. Oktober 1913 teil und sprach die Einigungsformel mit: «Die Freideutsche Jugend will aus eigener Bestimmung, vor eigener Verantwortung, mit innerer Wahrhaftigkeit ihr Leben gestalten. Für diese innere Freiheit tritt sie unter allen Umständen geschlossen ein!»[66]

Nach seinen Kriegserfahrungen, die ihn zum unabhängigen Sozialisten werden ließen, hat Carnap 1921 mit der wissenschaftslogischen Arbeit *Der Raum* promoviert. Jetzt las er die philosophischen Schriften Bertrand Russells, die sein eigenes Philosophieren entscheidend prägten. (Bereits 1919 hatte er das logisch-mathematische Grundlagenwerk «Principia Mathematica» von Bertrand Russell und Alfred North Whitehead durch-

Bertrand Russell,
um 1910

gearbeitet, auf das Frege in seinen Seminaren mehrfach hingewiesen hatte.) Von Russells «Unser Wissen von der Außenwelt»[67] ließ er sich dazu inspirieren, ein begriffslogisches Konstitutionssystem aufzubauen, ausgehend von der primären zweistelligen Grundrelation der *Ähnlichkeitserinnerung*, für die er eigenpsychische *Elementarerlebnisse* als Grundelemente wählte, als unzerlegbare Einheiten im ständig fließenden Erlebnisstrom, der allem Rubrizieren immer zu entfliehen strebt. Stufe für Stufe wurden auf dieser Basis zunächst die physischen Gegenstände der Wahrnehmungs- und physikalischen Welt konstituiert, schließlich die Welt der fremdpsychischen, intersubjektiven und geistigen Gegenstände. Was unter den anschaulichen ersten Eindrücken niemals gelingen kann, wurde hier zur konstruktiven Aufgabe: die Errichtung eines begrifflichen Gebäudes, in dem der vernünftige Mensch sich gesichert zu bewegen weiß. Von 1922 bis 1925 schrieb Carnap an diesem äußerst ehrgeizigen Werk, das wie alle seine Arbeiten enormen Fleiß und hohe technische Vollendung erkennen läßt. Er glaubte an *die Möglichkeit der rationalen Nachkonstruktion von Begriffen aller Erkenntnisgebiete auf der Grundlage von Begrif-*

fen, die sich auf das unmittelbar Gegebene beziehen[68]. Er lebte von der Hoffnung, den *Logischen Aufbau der Welt* nachbauen zu können. Und er vertraute dabei auf *die neue Logik, die in den vorhergehenden Jahrzehnten entwickelt worden war, vor allem durch Frege, Whitehead und Russell.*[69]

Im Sommer 1924 lernt er Moritz Schlick kennen, der seit zwei Jahren als Professor in Wien lehrt. *Schlick sagte mir, daß er glücklich wäre, mich als Dozenten in Wien zu haben. 1925 fuhr ich für kurze Zeit nach Wien und hielt in Schlicks Philosophischem Zirkel einige Vorträge.*[70] Zunächst stellt er sein logisch-physikalisches Axiomensystem der Raum-Zeit-Topologie vor, orientiert an Einsteins allgemeiner Relativitätstheorie und aufgebaut auf den beiden Relationen «K» (Koinzidenz) und «Z» (Zeitrelation Früher). Er spricht *wie ein Ingenieur, der die Struktur einer Maschine erklärt, die er gerade erfunden hat*[71], und beeindruckt durch seine kühle Präzision und systematische Vortragsweise. – Noch größeren Eindruck aber macht, was er über Plan und Methodik seines begrifflichen Konstitutionssystems vorträgt.

Als er 1926 wieder nach Wien reist, haben die Mitglieder des Schlick-Zirkels das Manuskript der ersten Fassung des *Logischen Aufbaus* gelesen und beginnen, es gemeinsam mit Carnap sorgfältig zu diskutieren. Hier ist ein Baugenie zu ihnen gekommen, das gekonnt über die Mittel der «Principia Mathematica» verfügt und durch seine analytischen Fähigkeiten ihren Wunsch nach einer Verankerung der Erkenntnis im Erfahrungsgegebenen mit rein logischen Verfahren zu erfüllen verspricht. Die Professoren Schlick und Hahn verschaffen Carnap eine Privatdozentur. Von 1926 bis 1931 lebt und arbeitet er in Wien und verbringt hier *die anregendste, erfreulichste und fruchtbarste Zeit meines Lebens*[72]. Er ist der führende Kopf und das Arbeitstier des Wiener Kreises, in dem er all das zur Geltung bringen kann, worauf er intendiert: strenge Wissenschaftlichkeit, logische Präzision und kooperative Zusammenarbeit. *Charakteristisch für den Zirkel war die offene und undogmatische Diskussionshaltung. Jeder war bereit, seine Ansichten einer wiederholten Prüfung durch andere oder durch sich selbst auszusetzen. Der gemeinsame Geist bestand in Kooperation, nicht in Konkurrenz. Es war die gemeinsame Absicht, zusammenzuarbeiten im Kampf um Klarheit und Einsicht.*[73]

1928 erscheint die erste Auflage von *Der logische Aufbau der Welt.* Das Vorwort liest sich wie eine erste Programmschrift des Wiener Kreises, der im selben Jahr in seine öffentliche Phase eintritt: *Das praktische Umgehen mit philosophischen Problemen und das Finden neuer Lösungen muß nicht rein denkmäßig geschehen, sondern wird immer triebmäßig bestimmt sein, wird anschauungsmäßige, intuitive Mittel verwenden. Aber die Begründung hat vor dem Forum der Vernunft zu geschehen; da dürfen wir uns nicht auf eine erlebte Intuition oder auf Bedürfnisse des Gemütes beru-*

Carnap, 1935

fen. Auch wir haben «Bedürfnisse des Gemütes» in der Philosophie; aber die gehen auf Klarheit der Begriffe, Sauberkeit der Methoden, Verantwortlichkeit der Thesen, Leistung durch Zusammenarbeit, in der das Individuum sich einordnet. – Wir können uns nicht verhehlen, daß die Strömungen auf philosophisch-metaphysischem und religiösem Gebiet, die sich gegen eine solche Einstellung wehren, gerade heute wieder einen starken Einfluß ausüben. Was gibt uns trotzdem die Zuversicht, mit unserem Ruf nach Klarheit, nach metaphysikfreier Wissenschaft durchzudringen. Das ist die Einsicht, oder, um es vorsichtiger zu sagen, der Glaube, daß jene entgegenstehenden Mächte der Vergangenheit angehören. Wir spüren eine innere Verwandtschaft der Haltung, die unserer philosophischen Arbeit zugrundeliegt, mit der geistigen Haltung, die sich gegenwärtig auf ganz anderen Lebensgebieten auswirkt; wir spüren diese Haltung in Strömungen der Kunst, besonders der Architektur, und in den Bewegungen, die sich um eine sinnvolle Gestaltung des menschlichen Lebens bemühen: des persönlichen und gemeinschaftlichen Lebens, der Erziehung, der äußeren Ordnungen im Großen. Hier überall spüren wir dieselbe Grundhaltung, denselben Stil des Denkens und Schaffens. Es ist die Gesinnung, die überall auf Klarheit geht und doch dabei die nie ganz durchschaubare Verflechtung des Lebens anerkennt, die auf Sorgfalt in der Einzelgestaltung geht und zugleich auf Großlinigkeit im Ganzen, auf Verbundenheit der Menschen und zugleich auf freie Entfaltung des Einzelnen. Der Glaube, daß dieser Gesinnung die Zukunft gehört, trägt unsere Arbeit. – WIEN, Mai 1928.[74]

Vorblick. Carnaps Glaube wird bald enttäuscht werden. In Prag, wo er 1931 bis 1935 als Professor für Naturphilosophie lehrt und sein zweites großes Werk, *Logische Syntax der Sprache*, fertigstellt, wird die politische Atmosphäre immer intoleranter. Die nationalsozialistische Ideologie erfaßt weite Kreise der Studenten und Professoren. Zudem droht der Überfall Hitlerdeutschlands auf die Tschechoslowakei. *Deshalb bemühte ich mich, nach Amerika zu gehen, zumindest für einige Zeit. Dezember 1935 verließ ich Prag und reiste in die Vereinigten Staaten.*[75] Dort wird er zum einflußreichsten Vertreter des logisch-empiristischen Philosophierens werden. Amerikanische Universitäten bieten ihm attraktive Arbeitsmöglichkeiten. Zunächst lehrt er an der Universität Chicago (1936–1952), anschließend am Institute for Advanced Study, Princeton, zuletzt (1954–1961) an der Universität von Kalifornien in Los Angeles (UCLA). Mit der Veröffentlichung von *The Philosophy of Rudolf Carnap* in der von Paul Arthur Schilpp herausgegebenen Reihe «The Library of Living Philosophers» wird ihm 1963 die größte Ehre erwiesen. Nach einer kurzen Erkrankung stirbt er friedlich am Morgen des 14. September 1970, von vielen anerkannt als eine der bedeutendsten philosophischen Persönlichkeiten des 20. Jahrhunderts. Herbert Feigl hat auf dem Jahrestreffen der Philosophy of Science Association, das am 23. Oktober 1970 im Gedenken an Carnap stattfand, den Tod seines alten Freundes aus Wiener Tagen mit den Worten bedauert: *Die Welt hat einen ihrer wahrhaft großen Denker verloren. Neben Bertrand Russell, der, zusammen vielleicht mit Gottlob Frege, seine erste «Vaterfigur» war, war Carnap (nicht nur) für seine Schüler einer der herausragenden Logiker und Wissenschaftsphilo-*

Carnap, 1970

sophen unseres Jahrhunderts.[76] Und Willard Van Orman Quine hat, um hier nur noch eine andere Stimme zu zitieren, darauf hingewiesen, daß «sein tragischer Tod ein trauriges Datum in der Geschichte der Philosophie markiert»[77]. In Deutschland und Österreich hat man es kaum zur Kenntnis genommen. Der Emigrant gilt nichts in seinem Heimatland.

Die Mitstreiter und Weggefährten

Das Wiener Ellipsoid des logischen Empirismus hatte viele Brennpunkte. Einige davon strahlten besonders hell. Insgesamt schrieben etwa zwanzig Personen an diesem großen Kapitel der modernen Philosophiegeschichte. Daß hier Neurath, der radikale, stürmerische Physikalist, und Carnap, der klare, wohltemperierte Logiker, so sehr herausgestellt wurden, schmälert nicht die Bedeutung ihrer Mitstreiter. Ihre Hervorhebung sollte nur dazu dienen, das breite und heterogene Spektrum all jener exemplarisch zu verdeutlichen, die sich in Wien gemeinsam auf den Weg der wissenschaftlichen Weltauffassung begeben haben. Wer waren die Weggefährten?

Hans Hahn (1880–1934). *Man kann sagen*, schrieb Philipp Frank, der zusammen mit Neurath ein früher Studienfreund des plötzlich und unerwartet Gestorbenen gewesen war, *daß Hahn in gewissem Sinn immer Mittelpunkt dieses Kreises war. Er hat immer die zentralen Ideen dieser Gruppe vertreten, ohne in die Meinungsverschiedenheiten in nebensächlichen Punkten sich einzulassen.*[78] Hahn war der mathematische Mentor des Kreises. Bereits 1902 erwarb er seinen Doktortitel, 1905 habilitierte er sich und wurde Privatdozent an der Wiener Universität. Reelle Funktionen, Variationsrechnung und Theorie der Integrale bildeten die Schwerpunkte seiner mathematischen Forschung. Nach Lehr- und Wanderjahren in Czernowitz und Bonn kam er als ordentlicher Professor für Mathematik 1921 nach Wien zurück und spielte hier in mehrfacher Hinsicht für den Wiener Kreis eine Schlüsselrolle.

Zunächst als Initiator; denn er ist es, der gegen den heftigen Widerstand der einheimischen Schulphilosophen in der zum großen Teil konservativen Professorenschaft sich erfolgreich dafür einsetzt, daß Schlick 1922 auf die freigewordene Mach-Boltzmann-Professur für Philosophie der induktiven Wissenschaften berufen wird. Damit ist die personelle Voraussetzung für eine gemeinsame philosophische Diskussion moderner naturwissenschaftlicher Erkenntnis geschaffen. – Sodann als Spiritus rector; denn prononciert bringt Hahn von Anfang an die Symbolische Logik zur Sprache, besonders die «Principia Mathematica» von Whitehead und Russell, über die er 1924/25 ein denkwürdiges Seminar veranstaltet. Auch ist er einer der ersten, welcher schon früh die bahnbrechende Bedeutung von Wittgensteins «Tractatus logico-philosophicus» für das Verständnis der Logik erkennt. *Mir hat der Tractatus die Rolle der Logik klargemacht*[79]: Alles logische Denken ist tautologisch, bloßes Umformen sprachlicher Formen, um dasselbe auf verschiedene Weise zu sagen und aus dem Gesagten alles herauszuziehen, was in ihm implizit mitbehauptet worden ist. – Schließlich als Publizist; denn Hahn ist nicht nur

Hans Hahn

zusammen mit Neurath und Carnap Verfasser der wegweisenden Programmschrift *Wissenschaftliche Weltauffassung – Der Wiener Kreis* (1929), sondern auch ein eindrucksvoller Redner, dessen volksbildend-popularisierende Referate Meisterwerke der Vortragskunst sind, auf zentrale Ideen konzentriert, prägnant formuliert und rhetorisch ausgefeilt. – Politisch gehört Hahn zum «linken Flügel» des Kreises. Er ist Funktionär der Wiener Freidenkergemeinde und Obmann der Vereinigung sozialistischer Hochschullehrer.

Moritz Schlick (1882–1936) wird allgemein anerkannt als der philosophische Doyen des Wiener Kreises. Dazu hat ihn nicht nur seine herausragende akademische Position als ordentlicher Professor für Philosophie an der Wiener Universität (1922–1936) prädestiniert. Auch das breitgestreute Spektrum seiner philosophischen Bildung, das von Naturphilosophie über Erkenntnistheorie bis zur Ethik reichte, oder seine fundierten Kenntnisse der modernen Physik (Relativitätstheorie und Quantenmechanik) waren nicht allein dafür verantwortlich, daß er im Wiener Kreis eine führende Rolle spielte und zu seiner internationalen Reputation beitrug. Es war vor allem seine Persönlichkeit, deren Ausstrahlung ihm jene *Stellung der natürlichen Autorität*[80] verlieh. Selbst Neurath, sein Gegenspieler in vielen strittigen Punkten, verweigerte ihm nicht den Respekt. Es war sein Charakter, der Schlick zur Integrationsfigur des Kreises werden ließ und dessen Zusammenhalt auch dann zu garantieren vermochte, wenn die Diskussionen in unversöhnlichem Widerstreit zu scheitern drohten. Denn nie hat er, auch wenn er dezidiert Stellung bezog und Partei ergriff, versucht, den Streit dogmatisch nach Maßgabe seiner eigenen Überzeugung zu schlichten. Er war gerecht gegenüber Andersdenkenden, tolerant, aufmerksam, niemals autoritär. Gefordert hat er nur, daß diejenigen, die sich auf ein gemeinsames philosophisches Gespräch einließen, wußten, wovon sie sprachen, es sachlich-klar ausdrükken und gute Gründe für ihre Ansichten liefern konnten. Selbst ein aktives Mitglied der kommunistischen Partei wie Walter Hollitscher, der bei ihm mit einer materialistisch und ideologiekritisch orientierten Dissertation promovierte, konnte seiner Unterstützung sicher sein. Kennzeichnend ist seine Reaktion auf eine strittige Passage, in der Hollitscher idealistische Philosophen vehement attackierte. *«Herr Hollitscher, muß das sein?» Und als ich starrsinnig antwortete, «Ja, das ist so und deshalb muß es so heißen!» lächelte er – und ich weiß noch immer nicht, ob schmerzlich oder amüsiert.*[81]

Alle, die ihn kannten, stimmen in ihren Charakterisierungen von Schlicks Persönlichkeit überein. Er ist «restlos tolerant», «hilfsbereit», «großzügig», «liebenswürdig», «höflich» und «geduldig»; dabei jedoch auch «vornehm», «distanziert», «aristokratisch» und «zurückhaltend». Die Lust an der guten Tat ist die Antriebskraft seines Lebens. Gut zu sein ist für ihn «natürlich». Er folgt keiner schwächlichen Gutmütigkeit, sondern unterstellt sich einer *Ethik der Güte*[82], die er nicht nur philosophisch begründet, sondern auch lebenspraktisch zu befolgen sucht. Er ist «charakterfest», «aufrichtig» und «absolut ehrlich». Polemische Schärfe, leere Phrasendrescherei und Rechthaberei lehnt er entschieden ab. Sein Sprachstil ist so «klar» und «natürlich» wie sein Wesen. Er spricht mit leiser Stimme und wägt ab, was er sagt. Sorgfältig besinnt er sich auf die

Bedeutung der Worte, die er verwendet und vor ihrer Abnutzung und Entwertung zu schützen versucht.

Und immer wieder ist es sein eigentümliches Lächeln, das bemerkt wird. Schlick war nicht witzig, aber er besaß einen heiteren Humor. *Heiterkeit ist Pflicht*, bemerkte er einmal zu Friedrich Waismann. *Denn es wäre unmoralisch, kleine Dinge ernst zu nehmen. Humor ist Vorbedingung der Moral. Wer das Kleine zu wichtig nimmt, kann das Große nicht wichtig nehmen.*[83] Er lächelte mit der weisen Abgeklärtheit eines Philosophen, der nicht Kämpfer gegen die Welt und Sieger über sich selbst sein will, sondern sinnvoll und human leben möchte, auch wenn die gesellschaftliche Situation noch so verdrießlich ist. Es war zugleich ein jugendliches Lächeln, mit dem Schlick, der das Leben dem heiteren Imperativ der Güte unterstellte, das Böse entwaffnen wollte. In ihm hat er eine unschuldige Reinheit zu bewahren versucht, die vor den quälenden Zwecken und drohenden Sorgen des Daseins geschützt ist. Vielleicht war es nur ein naiver Traum. Aber es war nicht zu übersehen, daß Schlicks Lächeln von einer jugendlichen Freude und von einer unversiegten kindlichen Unschuld zehrte, die er nicht als Ausdruck von Unwissenheit verstand, sondern als Zeichen spielerischer Freiheit. *Tiefste Wahrheit liegt in der biblischen Mahnung: «So ihr nicht werdet wie die Kinder…!» Wo es keiner Anstrengung bedarf, wo der Mensch ohne Bangen und Schwanken frisch vom Herzen das seinem Wesen Angemessene tut, da ist er eben jung, wie viele Jahre er auch zähle; da ist sein Wollen ein freies Spiel, an dem er Freude hat um seiner selbst willen, ohne Hinblick auf ferne Ziele, ohne Aufblick zu hohen Pflichten. Er handelt aus Lust an der guten Tat, er ist von selber gut, sofern er jugendlich ist. Aber sofern es ihn Mühe und Anstrengung kostet, ist seine Seele alt.*[84]

Friedrich Albert Moritz Schlick wurde am 14. April 1882 in Berlin geboren. Sein Vater war ein vermögender Industrieller aus altem preußischen Adelsgeschlecht. Seine Mutter war verwandt mit dem «Teutschesten aller Teutschen», dem Publizisten Ernst Moritz Arndt, an den Schlicks dritter Vorname erinnern sollte. Er wuchs in einem aristokratisch-großbürgerlichen Milieu auf, in dem auf künstlerische Kultivierung ebenso Wert gelegt wurde wie auf eine gediegene wissenschaftliche Ausbildung. Nach seiner Reifeprüfung 1900 studierte er Physik, Chemie, Mathematik und Philosophie an den Universitäten Berlin, Heidelberg und Lausanne. 1904 promovierte er an der Berliner Universität bei Max Planck mit einer physikalischen Dissertation *Über die Reflexion des Lichtes in einer inhomogenen Schicht.* Weder Wahl noch Abschluß seines Studiums waren ein Zufall. Seinem Wunsch nach Klarheit und begrifflicher Strenge konnte nur die strengste aller Wissenschaften genügen, welche über die allgemeinsten Prinzipien der Wirklichkeit Aufschluß zu geben vermag.

Max Planck, 1914

Albert Einstein, 1914

1910 reichte er seine Habilitationsschrift *Das Wesen der Wahrheit nach der modernen Logik* an der Philosophischen Fakultät der Universität Rostock ein, an der er als Privatdozent bis 1921 lehrte und forschte. An seinen Veröffentlichungen kann man die Breite und Tiefe seines philosophischen Denkens ablesen. Er war einer der ersten, der die philosophische Relevanz der Relativitätstheorie erkannte und darüber (1915 und 1917) äußerst klare und eindringliche Analysen angefertigt hat, die auch Albert Einstein, mit dem er eng befreundet war und oft musizierte, sehr geschätzt hat und zum Besten zählte, was über Relativität geschrieben worden ist. Daß er sich in der Logik auskannte, hatte er mit seiner Habilitationsschrift bewiesen. (Seine *Lebensweisheit. Versuch einer Glückseligkeitslehre*, bereits 1908 erschienen, ließ ihn zugleich als einen Ethiker erkennen, dem es um das Glück der Menschen ging, nicht um ihr Funktionieren unter staatlichen Herrschaftsverhältnissen.) Und dann gab es noch seine grundlegende *Allgemeine Erkenntnislehre*, in der Schlick 1918 eine fundamentale Klärung der Erkenntnis-, Denk- und Wirklichkeitsprobleme unternommen hat. Er zielte auf die obersten, letzten Prinzipien der wissenschaftlichen Erkenntnis, wobei es besonders die Physik war, an deren Methodik und Systematik er sich orientierte, ohne dabei jedoch die besondere Eigenart der philosophischen Kritik aus den Augen zu verlieren. *Man kann alle Einzelwissenschaften sehr wohl betreiben, ohne ihnen erkenntnistheoretische Grundlagen zu geben; verstehen aber kann man sie in ihrer letzten Tiefe niemals ohne solche. Dies letzte Verständnis ist ein eigentlich philosophisches Bedürfnis, und die Erkenntnislehre ist Philosophie.*[85]

Im Herbst 1921 wird Schlick als Professor an die Universität Kiel berufen, ein Jahr später auf den Wiener Lehrstuhl für Philosophie der induktiven Wissenschaften. Vierzehn Jahre wird er hier tätig sein, bis ihn am 22. Juni 1936 die tödlichen Kugeln treffen. Er ist jung gestorben, in jenem Zustand einer Jugendlichkeit, die Schlick als Chiffre eines sinnvollen Lebens sah: *Je mehr Jugend in einem Dasein verwirklicht wird, desto wertvoller ist es, und wer jung stirbt, wie lange er auch gelebt haben möge, dessen Leben hat Sinn gehabt.*[86] Daran hat Béla Juhos 1962 in seiner Gedenkrede zum 80. Geburtstag seines Lehrers noch einmal erinnert, der bis zu seinem gewaltsamen Tod mit jugendlicher Begeisterung und Neugierde sich die vortrefflichsten Neuheiten zu eigen machte, die aus der wissenschaftlich-philosophischen Kultur seiner Zeit hervorgingen: *Schlick hat niemand als alten oder auch nur als alternden Mann gekannt, und diese Eigenschaft eines nichtalternden Wirkens, einer nicht alternden Lebendigkeit kommt auch der Denkrichtung zu, die er begründet und die von hier, von Wien aus ihren Ausgang genommen hat.*[87]

Béla Juhos

FRIEDRICH WAISMANN (1896–1959). Es war weniger seine eigenständige philosophische Begabung, die Waismann eine bedeutsame Rolle im Wiener Kreis spielen ließ, sondern seine ausgeprägte «Haltung zur Verehrung»[88]. Zunächst war es Schlick, dessen wissenschaftliche Hilfskraft er inoffiziell war, an dem er sich bewundernd orientierte. Gewiß nicht gegen den Willen seines Mentors verlagerte sich diese

Friedrich Waismann

Verehrung, bald nach ihren ersten Begegnungen 1927, auf Ludwig Wittgenstein. Waismann erklärte es zu seiner intellektuellen Hauptaufgabe, den Schlick-Zirkel über Wittgensteins experimentierende Gedankenbewegungen auf dem laufenden zu halten. (Das war um so notwendiger, da sich Wittgenstein, nachdem er 1929 nach Cambridge zurückgekehrt war, nur noch sporadisch, meist in den Weihnachtsferien, mit Schlick und Waismann traf und nur über diese Vermittlung die anderen Mitglieder der «Tafelrunde»[89] an seinen neuen Gedanken teilnehmen ließ.) *Ich referiere Ihnen jetzt über neuere Entwicklungen, Wittgenstein aber lehnt jede Verantwortung für meine Formulierungen ab, ich bitte Sie das zu berücksichtigen.*[90] Waismann verstand sich als Sprachrohr seines verehrten Meisters. Das war eine äußerst undankbare Aufgabe. Denn einerseits hätte der Kreis lieber das Original als seinen Dolmetscher und Interpreten gehört. *Wie nett könnte Wittgenstein unter uns leben, wie einer von uns. Er wäre so verwöhnt worden. Gel? Statt dessen ist der der Gott und Waismann sein armer Prophet.*[91] Andererseits war auch die Zusammenarbeit mit Wittgenstein alles andere als einfach, wie man am traurigen Schicksal von Waismanns Buch *Logik, Sprache, Philosophie* ablesen kann. Denn Wittgenstein war zunächst zwar nicht grundsätzlich gegen eine leicht zugängliche Darlegung seiner Philosophie, aber de facto verhinderte er doch ihre Fertigstellung. *Er hat ja die wunderbare Gabe*, bemerkte Waismann gegenüber Schlick mit enttäuschtem Unterton, *die Dinge immer wieder wie zum erstenmal zu sehen. Aber es zeigt sich doch, meine ich, wie schwer eine gemeinsame Arbeit ist, da er eben immer wieder der Eingebung des Augenblicks folgt und das niederreißt, was er vorher entworfen hat.*[92] Immer wieder bestand Wittgenstein auf neuen Revisionen. Und als Waismann 1938 endlich sein Manuskript vorläufig abgeschlossen hatte, war nicht nur das Klima zwischen dem Gott und seinem Propheten empfindlich gestört, sondern eine Veröffentlichung auch aus politischen Gründen nicht mehr möglich. Die Machtübernahme der Nationalsozialisten in Österreich zwang Waismann zur Flucht, zunächst nach Cambridge, wo Wittgenstein ihn keineswegs willkommen hieß, schließlich nach Oxford, wo man sich 1939 seiner zum Glück erbarmte und ihn zum «Reader in the Philosophy of Mathematics» ernannte. 1959 starb Waismann unglücklich und isoliert. Erst 1965 erschien sein Wittgenstein-Werk in England unter dem Titel *The Principles of Linguistic Philosophy*, 1976 schließlich in deutscher Sprache, 46 Jahre nach seiner geplanten und immer wieder angekündigten Veröffentlichung als Band 1 der *Schriften zur wissenschaftlichen Weltauffassung*, versehen mit einer von Schlick bereits 1930 verfaßten Vorrede, in der allein die *unschätzbare Bedeutung des Werkes von Wittgenstein*[93] herausgestellt, über Waismanns Arbeit jedoch kaum ein Wort verloren wird.

Herbert Feigl (1902–1988) war Schlicks Lieblingsschüler und von Anfang an ein initiierendes Mitglied seines Donnerstag-Abend-Kolloquiums. Diese Hochschätzung beruhte auf Gegenseitigkeit. Denn kaum hatte der junge Feigl, schon früh und sorgfältig in den exakten Wissenschaften (Mathematik, Physik, Chemie und Astronomie) geschult, Schlicks *Allgemeine Erkenntnislehre* gelesen, erklärte er Schlick zu seinem *philosophischen Favoriten*[94] und begann, nachdem Schlick nach Wien berufen worden war, 1922 bei ihm zu studieren. Er bewunderte besonders dessen naturphilosophischen Realismus, der sich von jedem skeptischen Agnostizismus freihielt. Auch er teilte diese Haltung aus ganzem Herzen. Davon zeugte *Zufall und Gesetz*, seine 1927 abgeschlossene Dissertation, ebenso wie die 1929 publizierte Untersuchung über *Theorie und Erfahrung in der Physik*. Kein Wunder, daß ihm Schlick eine Privatdozentur an der Wiener Universität vermitteln wollte. Aber Feigl war Jude, zudem in Reichenberg/Sudetenland geboren und seit 1918 tschechischer Staatsbürger. *Realistischer als Schlick gab ich die Idee einer Universitätskarriere in Europa auf und begann mich um eine Anstellung an zahlreichen amerikanischen Universitäten zu bewerben.*[95] 1930 besuchte er die USA zum erstenmal und traf in New York seinen amerikani-

Herbert Feigl

schen Studienfreund Albert E. Blumberg wieder. Gemeinsam schrieben sie den bahnbrechenden Aufsatz *Logischer Positivismus. Eine neue Bewegung in der europäischen Philosophie*, der bereits Frühjahr 1931 im «Journal of Philosophy» veröffentlicht wurde. Damit war nicht nur ein international wirksames Markenzeichen gefunden worden. Auch Feigl selbst fand Anerkennung und wurde *der erste Propagandist unseres Standpunktes in den Vereinigten Staaten.*[96] 1931 fand er eine Anstellung an der State University of Iowa und wurde 1937 amerikanischer Staatsbürger. *The WIENER KREIS in America*[97]: es war besonders Feigl, der dort für seine Verbreitung und philosophische Wirksamkeit stritt und den Weg für viele seiner Mitstreiter bereitete, die ihm noch folgen sollten.

Karl Menger (1902–1988) stammt aus einer großbürgerlichen Wiener Familie. Sein Vater Carl war der führende Kopf der österreichischen Nationalökonomie und Volkswirtschaftslehre, zudem Hauslehrer des Kronprinzen Rudolf. Nach seinem Studium der Mathematik bei Hahn (und seinem Philosophicum bei Schlick) ging der junge Karl nach Amsterdam, wo er sich 1925 bei L. E. J. Brouwer, dem grundlagenmathematischen Intuitionisten, habilitierte und bis 1927 als Privatdozent lehrte. – 1927 wird er auf den Lehrstuhl für Geometrie an der Wiener Universität berufen und von Hahn zur Teilnahme am Schlick-Kolloquium eingeladen. Er beteiligt sich lebhaft und äußerst temperamentvoll an den Diskussionen. Herausragend ist besonders ein Vortrag, den er im Semester 1928/29 hält. Denn er trägt eine Überlegung vor, mit der er eine gut eingespielte Sprechweise der Zirkelmitglieder provokativ herausfordert:

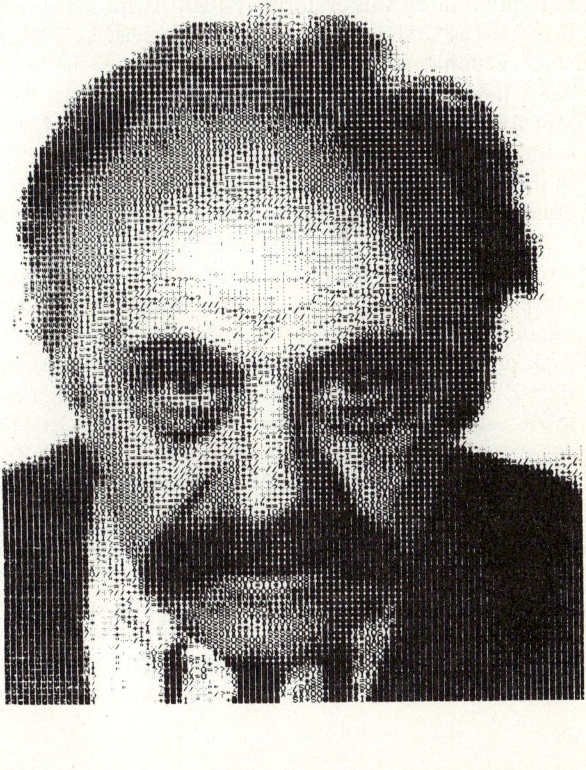

Karl Menger im computergenerierten Porträt

ihre Rede von «der» Logik und «der» Sprache. Gegen diesen Singularismus setzt Menger die Pluralität verschiedener Logiken und Sprachen, zwischen denen konventionalistisch gewählt werden kann. Typisch sind die verschiedenen Reaktionen seiner Zuhörer. *Schlick begann bald seinen Kopf zu schütteln und ich realisierte, daß mich jene milde Strafe traf, die er Schwätzern zumaß. Und tatsächlich versuchte er auch bald flüchtige Blicke mit den anderen zu wechseln. Nur Waismann beantwortete Schlicks Blick mit einem Lächeln und dann begannen beide meine Argumente nachdrücklich anzugreifen. [...] Carnap, der ständig über «die» Logik und «die» Sprache gesprochen hatte, schien durch eine tiefe Nachdenklichkeit gefesselt zu sein und sagte nichts. Neurath war offenkundig nicht besonders interessiert.*[98] – Später, 1934 in *Logische Syntax der Sprache*, wird Carnap dann sein berühmtes syntaktisches Toleranzprinzip formulieren und dabei ausdrücklich auf Mengers Einfluß hinweisen: *In der Logik gibt es keine Moral. Jeder mag seine Logik, d. h. seine Sprachform, aufbauen wie er will. Nur muß er, wenn er mit uns diskutieren will, dabei deutlich angeben, wie er es machen will.*[99]

Nach dem Erscheinen der Wiener Kreis-Programmschrift 1929, die ihm durch ihren sozialreformerischen Anspruch zu weit über eine rein theoretische Erkenntnisintention hinausweist, geht Menger etwas auf Distanz. Zumindest bittet er Neurath, ihn nur noch als dem Kreis *nahestehend*, jedoch nicht mehr als Mitglied aufzuführen. Er konzentriert sich nun stärker auf sein eigenes «Mathematisches Kolloquium», das er ein wenig nach dem Vorbild des Schlick-Kreises modelliert. 1937 emigriert er in die USA, lehrt zunächst an der University of Notre Dame, anschließend von 1946 bis 1971 am Institute of Technology in Chicago.

Kurt Gödel (1906–1978). Er zählte zu den jüngsten Mitgliedern des Kreises und wurde in seinem Fachgebiet – der mathematisch-logischen Grundlagenforschung – zu einem herausragenden Denker dieses Jahrhunderts. Weltberühmt wurde er durch seinen zwingend geführten Beweis, daß jedes formal widerspruchsfreie zahlentheoretisch-logische System ZL formal unvollständig ist und es in ihm immer einen Satz gibt, der in ZL selbst formal unentscheidbar ist.[100] Dieses Erste Gödel-Theorem, das er, begleitet von seinen Wiener Freunden, auf der Zweiten Tagung für Erkenntnislehre der exakten Wissenschaften (September 1930 in Königsberg) auf etwas unscheinbare Art vortrug, verlieh seinem Namen über Nacht die größte Autorität. Er war gerade 24 Jahre alt. Vielleicht hätte seine wissenschaftliche Karriere auch anderswo stattfinden können. Aber bemerkenswert ist doch, daß Gödels Aufstieg zu einem Star ausging «von der geistigen Förderung und dem institutionellen Einfluß des Wiener Kreises»[101]. Hier hatte er jene intellektuelle Atmosphäre gefunden, die ihn zu seiner logisch-mathematischen Höchstleistung trieb.

Kurt Gödel

Gödel hat bei Hahn Mathematik studiert, hat Schlicks Vorlesung *Philosophie der Mathematik* (1925/26) gehört und dann auch an mehreren Seminaren Carnaps teilgenommen. Als zwanzigjähriger Student wird er, auf Empfehlung Hahns, zu Schlicks Donnerstag-Abend-Kolloquium eingeladen. Er ist still und nimmt kaum aktiv an den Diskussionen teil. Manchmal scheint seine Bescheidenheit nicht ohne Arroganz. Aber alle spüren, daß hier eine außergewöhnliche Begabung unter ihnen ist. Er wird angestaunt. Besonders Carnap ist sein Gesprächspartner. Stundenlang sitzen sie in Wiener Cafés, um technische Probleme der Mathematik und Logik zu diskutieren. Carnap hat es in seinem Tagebuch, das in der University of Pittsburgh Library aufbewahrt wird, festgehalten: *Nachmittags Übungen.*

Nachher 5–9 mit Gödel im Café. Über Grundlagen der Mathematik. Er meint, Ableitung aus Logik sei gescheitert. Er denkt sehr scharfsinnig. (13. 11. 1928) – *Vormittags Arkadencafé. Diskussion: Gödel über Aussagen über die Sprache. Dabei Waismann, Feigl, Natkin.* (30. 11. 1928) – *Gespräch mit Gödel, Formalisierbarkeit der Mathematik.* (24. 1. 1930) – Wie kann man sinnvoll und beweiskräftig über die Sprache der Mathematik und Logik sprechen? Sind Widerspruchsfreiheit und Vollständigkeit eines formalen Sprachsystems mit dessen eigenen Mitteln nachzuweisen? Gibt es eine Möglichkeit, in einer Sprache über diese selbst zu sprechen, oder benötigt man dazu eine getrennte Metasprache? Auch wenn Gödel abwesend ist, diskutiert man über seine Probleme. *Nachmittags zu Hahn. Über Metamathematik. Gödels Problem der Formalisierbarkeit der Mathematik.* (16. 2. 1930) – In diesem Diskussionsklima ereignet sich Gödels Entdeckung. *6–1/2 9h Café Reichsrat mit Feigl, Gödel, dann Waismann. Reiseplan mit Schiff nach Königsberg. Gödels Entdeckung: Unvollständigkeit des Systems der Principia Mathematica* (26. 8. 1930) – Schließlich, nach seinem Königsberger Vortrag, hält Gödel auch im Schlick-Zirkel sein vermutlich einziges Referat. Am 15. Januar 1931 berichtet er über seinen Unvollständigkeitsbeweis und demonstriert die effektive Möglichkeit einer arithmetischen metasprachlichen Sprachanalyse.

Carnap konnte an dieser Sitzung zwar nicht teilnehmen. Wie sehr sein eigenes Denken zu dieser Zeit jedoch von Gödels Argumentation beeinflußt wurde, erhellt seine autobiographische Erinnerung: *Eine Gesamttheorie der Sprachstruktur und ihre Anwendungsmöglichkeiten in der Philosophie kamen zu mir wie eine Vision während einer schlaflosen Nacht im Jänner 1931, als ich krank war. Am nächsten Tag, immer noch fiebrig und bettlägrig, schrieb ich meine Ideen auf vierundvierzig Seiten unter dem Titel «Versuch einer Metalogik» nieder. Diese Kurzschriftnotizen waren die erste Fassung meines Buches Logische Syntax der Sprache (1934) […] Mithilfe von Gödels Methode konnte auch die Metalogik der Sprache selbst innerhalb der Sprache arithmetisiert und ausgedrückt werden.*[102]

Nach Carnaps Weggang aus Wien (Herbst 1931) verlagert sich der Schwerpunkt der Kreis-Diskussion. Die metamathematischen Probleme eines systematischen Aufbaus formaler Sprachsysteme spielen keine große Rolle mehr. Da schwindet auch Gödels Interesse an den Gesprächen. Er zieht sich zunehmend zurück und nimmt lieber an Mengers «Mathematischem Kolloquium» teil. 1940 emigriert er in die USA und lehrt am Institute for Advanced Study in Princeton, an dem auch Einstein seit 1933 als Professor emeritus tätig ist. Wieder einmal bedeutete Europas Verlust Amerikas Gewinn.

Gödel und Einstein am Institute for Advanced Study in Princeton

Auch über die anderen Mitglieder des Wiener Kreises müßte gesprochen werden. Sie alle haben dazu beigetragen, eine wissenschaftliche Weltauffassung zu entfalten, in der weltzugewandte Tatsachenforschung und logische Analyse wegweisend waren. Gemeinsam entwickelten sie eine enzyklopädische Kooperationsform, eine Gelehrtenrepublik der Arbeit, in der jeder seine Fähigkeiten zur Geltung bringen konnte, ohne durch soziale Hierarchisierung oder akademische Machtstruktur gebunden zu sein. Zwar gab es Differenzen und Auseinandersetzungen. In ihren politischen Haltungen unterschieden sich die einzelnen Mitglieder ebenso wie in ihrem intellektuellen und persönlichen Charakter. Aber gemeinsam verstanden sie sich als Mitstreiter im Kampf gegen einen zunehmenden Irrationalismus und seine politischen Nutznießer. Sie wollten Licht in das philosophische und wissenschaftliche Denken bringen, damit es auch in der Welt etwas heller werde.

In dieser Hinsicht haben auch die folgenden Namen einen guten Klang. Zu den Mitgliedern des Wiener Kreises zählten, neben den bereits erwähnten: Béla Juhos, Victor Kraft, Gustav Bergmann, Olga Hahn-Neurath, Theodor Radaković, Philipp Frank, Josef Schächter, Felix Kaufmann, Marcel Natkin, Heinrich Neider und Rose Rand.

Und unerwähnt sollen auch nicht jene bleiben, die in der Programmschrift als *dem Wiener Kreis nahestehende Autoren* aufgeführt werden, *die auf dem Boden der wissenschaftlichen Weltauffassung arbeiten und mit Mitgliedern des Wiener Kreises in persönlicher und wissenschaftlicher Wechselwirkung stehen*: Hans Reichenbach, Walter Dubislav, Kurt Grelling, Carl Gustav Hempel, Hasso Härlen, Heinrich Loewy, Josef Frank, Kurt Reidemeister, Edgar Zilsel und Richard von Mises.

Exkurs über einen Randgänger

Ein ergänzender Nachtrag ist hier noch nötig zu jenem Denker, der ähnlich wie Wittgenstein, von dem später noch die Rede sein wird, im näheren Umfeld des Wiener Kreises eine bedeutsame Rolle spielte, obwohl er nicht müde wurde, eine unüberbrückbare Distanz herauszustellen: Karl Popper. Abgrenzung statt Zusammenarbeit war sein beherrschender Impuls. Zumindest stellte es sich ihm so dar. Nicht was ihn mit dem Wiener Kreis verband, schien ihn zu interessieren, sondern was ihn von ihm unterschied. Denn er verstand seine eigene Wissenschaftslogik nicht als einen strittigen Beitrag zur gemeinsamen Arbeit, sondern als «Herausforderung» seiner philosophischen Gegner und ihrer «fundamentalen Irrtümer». Am Ende erklärte er sich gar zum Sieger in einem Kampf auf Leben und Tod. «Der logische Positivismus ist tot: Wer ist der Täter?» fragte er sich in seiner Autobiographie und gab darauf mit charakteristischer Bescheidenheit die Anwort: «Ich fürchte, daß ich mich als Täter bekennen muß. Doch ich habe es nicht mit Absicht getan.»[103] Popper gegen den Wiener Kreis: um was handelte es sich da?

Karl Popper wurde 1902 in Wien geboren. Seine Erziehung verlief in

Karl Popper

den Bahnen des aufgeklärten und sozialreformerischen Bildungsbürgertums. Bereits in seiner Kindheit faszinierten ihn philosophische Probleme. Er studierte bei Hahn Mathematik, bei Schlick Philosophie und engagierte sich, wie viele Mitglieder des Wiener Kreises, in der Schulreformbewegung. 1928 legte er eine Dissertation «Zur Methodenfrage der Denkpsychologie» vor. Stärker als die Untersuchung subjektiver Denkvorgänge interessierte ihn jedoch das philosophische Studium der Logik. Er hatte schon früh Wittgensteins «Tractatus» gelesen und studierte, kaum waren sie publiziert, die Arbeiten von Carnap. (Neurath hatte er bereits 1920 kennengelernt und sah in ihm «eine der stärksten Persönlichkeiten, die ich je traf»[104].) Auch er war auf der Suche nach einem verläßlichen Kriterium für wissenschaftliche Rationalität. Ohne sie zu veröffentlichen, verfaßte er umfangreiche Manuskripte über wissenschaftstheoretische Fragen. Er lernte Kraft, Feigl, Waismann und Carnap näher kennen, befreundete sich mit ihnen und stieß mit seinen Überlegungen auf großes Interesse. Sie alle erkannten ihn als einen anregenden und selbständigen Denker an, Schlick war von seiner geistigen Intensität tief beeindruckt. Er wurde eingeladen, «Vorträge in einigen der ‹epizyklischen› Gruppen zu halten, die eine Art Hof um den Wiener Kreis bildeten»[105]. Auch Hahn, Menger, Frank und von Mises trafen sich mit ihm und diskutierten seine kritischen Überlegungen. Zahlreiche Mitglieder des Wiener Kreises lasen, was er schrieb, und setzten sich damit auseinander. Schließlich wurde die gekürzte Fassung einer voluminösen methodologischen Untersuchung Poppers von Schlick und Frank zur Veröffentlichung in ihrer Reihe *Schriften zur wissenschaftlichen Weltauffassung* angenommen und erschien 1934 unter dem Titel «Logik der Forschung» (mit 1935 auf dem Titelblatt). Sie wurde zu einem weltberühmten und einflußreichen Standardwerk der modernen Wissenschaftslehre.

Sie hielten ihn für einen der Ihren. Und auch er fühlte sich ihnen verbunden. «Der Wiener Kreis war eine bewundernswerte Institution. Er war ein einzigartiges Seminar von Philosophen, die hier mit hervorragenden Mathematikern und Naturwissenschaftlern zusammenarbeiteten. Sie waren tief an Problemen der Logik und der Grundlagen der Mathematik interessiert. […] Was mich aber wohl am meisten am Wiener Kreis anzog, war seine wissenschaftliche Einstellung oder, wie ich es jetzt lieber nenne, seine rationale Einstellung. Carnap hat sie in den letzten drei Absätzen des Vorworts zur ersten Auflage seines ersten größeren Buches, Der logische Aufbau der Welt, sehr schön formuliert.»[106]

Dennoch geht Popper auf Distanz. Er versteht sich nicht als Mitstreiter, sondern als Widersacher. Er greift an, opponiert und bildet sich eine Menge auf seinen unfreiwilligen Heldenstreich ein, den logischen Positivismus des Wiener Kreises besiegt und getötet zu haben. Warum diese schroffe Abgrenzung?

Sachliche Gründe lassen sich nur schwer finden. Denn es ist zwar unübersehbar, daß Popper seine «Logik der Forschung» zum großen Teil als eine Auseinandersetzung mit Gedanken des Wiener Kreises entworfen und geschrieben hat. Besonders das Konzept der «Verifizierbarkeit», mit dem die Wiener Empiristen den kognitiven Sinn wissenschaftlicher Aussagen und Theorien zu fassen versuchten, stieß auf seinen Widerspruch. Dagegen stellte Popper sein berühmtes Falsifikationskriterium, durch das er empirisch-wissenschaftliche Theoriensysteme von un- oder pseudowissenschaftlichen Spekulationen abzugrenzen versuchte. Logisch vertraute er dabei allein auf die falsifizierende Schlußweise des klassischen «modus tollens», der ein Satzsystem t dann als falsch disqualifizieren läßt, wenn ein Folgesatz p dieses Systems sich als falsch erweist: $[(t \rightarrow p) . \neg p] \rightarrow \neg t$. In Worten: ist ein einzelner Satz p aus einer Theorie t ableitbar und ist p falsch, so ist auch t falsch (falsifiziert).[107] Aber diese Verlagerung von der Verifizierbarkeit zur Falsifizierbarkeit kann schwerlich als Todesstoß für den logischen Empirismus ausgegeben werden. Dazu war allein Neuraths Entgegnung viel zu stark, der Poppers «Logik» als einen illusionären *Pseudorationalismus der Falsifikation* zurückwies, der an der wissenschaftlichen Forschungspraxis völlig vorbeigeht und einen abstrakten Absolutismus ins Spiel bringt, mit dem der Weg zu einer adäquaten Würdigung der Forschung versperrt wird. Das «System», auf das Popper intendiert, ist ebenso eine Fiktion wie die «generelle Methode» der falsifikatorischen Kontrolle. Schließlich ist der Forscher ja keine Maschine, die nach logisch-deduktiven Regeln arbeitet. Mag sein, daß ein einzelnes negatives Ergebnis sein Vertrauen in eine Theorie erschüttert, aber sie wird dadurch nicht automatisch falsifiziert und auf Null reduziert. *Die unbedingte Bevorzugung der Falsifizierung läßt sich im Rahmen einer Forschungslehre nicht erfolgreich durchhalten. Wir stellen die «Erschütterung» neben die «Bewährung» und bemühen uns, jede in ihrer Art möglichst explizit von Fall zu Fall darzustellen.*[108]

Mit guten Argumenten, die sich später – besonders unter dem Einfluß Quines – auch innerhalb der Wissenschaftstheorie durchgesetzt haben und Neurath als einen hellsichtigen Kenner der wissenschaftlichen Forschung wiederentdecken ließen, hat dieser dynamische Geist jene abstrakten Gedankengänge Poppers abgewehrt, *die den alten philosophischen Absolutismus in neuer Gestalt bringen*[109]. Es ist schwer zu verstehen, weshalb Popper diese kritische Auseinandersetzung, in der er zwar anregend wirkte, jedoch nicht unbedingt der Gewinner war, zum Anlaß und Grund seiner Abgrenzung vom Wiener Kreis hochstilisierte. Ihm konnte nicht entgangen sein, daß alle Mitglieder des Kreises, trotz ihrer Differenz in kontroversen Punkten, seine Gedanken beeinflußten, ihnen den Stoff lieferten und seine Wissenschaftslogik *begrüßten als einen äußerst originellen Beitrag zu vielen Streitfragen eines gemeinsamen Unternehmens*[110].

So bleiben schließlich wohl nur persönliche Motive, die Popper übersehen ließen, wieviel ihn an den Wiener Kreis gebunden hat. Zum einen kann es die übersteigerte Wertschätzung der eigenen Arbeit gewesen sein, mit der er etwas radikal Neues entdeckt zu haben glaubte, dessen Bedeutung durch eine Integration in kollektive Diskussionszusammenhänge nur geschmälert würde. Zum anderen kann es jedoch auch ein komplementäres Motiv gewesen sein, das ihn sich zum Außenseiter erklären ließ: die uneingestandene Enttäuschung, trotz seiner großartigen Leistung eines nicht erreicht zu haben – von Schlick zur Teilnahme an seinem Zirkel eingeladen worden zu sein. Darauf deutet eine kleine Fußnote in seiner Autobiographie hin, in der er Feigls Hinweis korrigiert, *daß er und Zilsel überzeugt waren von ihrer intellektuellen Unabhängigkeit, und*

Edgar Zilsel

beide versuchten, ihre Selbständigkeit zu bewahren, indem sie sich außerhalb des Zirkels hielten[111]. Dagegen gibt Popper zu bedenken: «Tatsache ist aber, daß ich mich sehr geehrt gefühlt hätte, wenn man mich eingeladen hätte, und es wäre mir nie in den Sinn gekommen, daß die Mitgliedschaft in Schlicks Seminar meine Unabhängigkeit auch nur im geringsten gefährden könnte.»[112] Diese Ehre ist ihm, aus unbekannten Gründen, nicht gewährt worden. Man muß deshalb nicht Paul Feyerabends ironische Einschätzung teilen: «Was Wunder, daß Popper, der atemlos im Wartezimmer dieses Kreises seiner großen Stunde harrte, jede Modifikation seiner Philosophie für eine echte Entdeckung hielt.»[113] Aber abwegig ist dieser Eindruck nicht. Zumindest hilft er, Poppers Bekenntnis, für den Tod des logischen Positivismus verantwortlich zu sein, nicht allzu ernst zu nehmen. Auch er war, ob er es wollte oder nicht, trotz allem ein Weggefährte und Mitstreiter jenes Kreises, an dessen Rand er sich bewegte.

Die Politik

«Vergangenes historisch artikulieren heißt nicht, es erkennen, ‹wie es denn eigentlich gewesen ist›. Es heißt, sich einer Erinnerung bemächtigen, wie sie im Augenblick einer Gefahr aufblitzt.»[114]

Warum Wien?

Die Philosophiegeschichtsschreibung bevorzugt eine immanent-philosophische Perspektive. Es ist der Prozeß der denkenden Vernunft als solcher, auf den sie sich konzentriert. In den meisten Darstellungen des Wiener Kreises dominiert dieser Blick. Philosophische Grundsätze und zentrale Theoreme werden vorgestellt, sei es affirmativ, um ihre geistige Relevanz zu betonen, sei es kritisch, um sie als unhaltbar oder dogmatisch zurückzuweisen.

Auch einzelne Mitglieder des Wiener Kreises favorisierten diese Perspektive. *Die Philosophie gehört den Jahrhunderten, nicht dem Tage. Sie kennt keine Aktualität.*[115] Davon war nicht nur Schlick überzeugt, der die wahre Philosophie gegen alle zeitgebundenen Modeströmungen abgrenzte und auf eine überhistorische Weisheit drängte, die ihren hellen Glanz verlieren würde, begäbe sie sich auf die Schlachtfelder der Gegenwart. Carnap, diese logische Denkmaschine, hat es zurückhaltender formuliert. Aber auch er, der sich als Sozialist verstand, zog einen klaren Trennungsstrich zwischen pragmatisch-politischen Überzeugungen (*Wir alle im Zirkel waren sehr stark am sozialen und politischen Fortschritt interessiert*[116]) und der rein logisch-philosophischen Forschung, die als solche *neutral zu sein hat gegenüber politischen Zielen, seien es moralische Ziele für das Individuum oder politische Ziele für eine Gesellschaft.* Jedoch verschwieg Carnap in diesem Zusammenhang nicht die wichtigen Beiträge seines Freundes Neurath, der wiederholt und nachdrücklich auf

Die Wiener Universität

die historischen und sozialen Bedingungen hingewiesen hatte, unter denen sich ihre gemeinsame Arbeit entwickeln und bedeutsam werden konnte. Die Frage, ob *die weitgestreute Anerkennung einer philosophischen Konzeption hauptsächlich von ihrer Wahrheit abhängt oder ob die von Neurath und anderen vertretene Ansicht richtig ist, daß die soziologische Situation in einer gegebenen Kultur und einer gegebenen geschichtlichen Periode für bestimmte Ideologien oder philosophische Haltungen günstiger, für andere ungünstiger ist*[117], gehörte mit zu den strittigen Diskussionsthemen des Wiener Kreises. Nicht nur hinsichtlich dieser Frage vertraten Schlick und Neurath die extremen Gegenpositionen.

Zwar hielt es auch Neurath für *meist kein gutes Zeichen*, wenn sich Gelehrte allzu eifrig mit der Geschichte ihrer Disziplin beschäftigen, statt exakte neue Aussagen über ihre Gegenstände zu erarbeiten. *Aber gelegentlich empfiehlt es sich doch, nach den historischen Bedingungen einer Auffassung zu fragen und Umschau zu halten nach ihrer soziologischen Eingliederung, nach ihrem Zusammenhang mit anderen Lebens- und Wissenschaftsgebieten.* So hat er es in seinem orientierenden Eröffnungsbeitrag *Wege der wissenschaftlichen Weltauffassung* in der ersten Ausgabe der Zeitschrift «Erkenntnis» (1930/31) formuliert und ironisch darauf hingewiesen, daß diese Umschau für diejenigen, die sich auf den Weg gemacht haben, zwar *keine Wochentagsarbeit* sein sollte, *aber an Sonntagen, wie dem heutigen, mag man zur Einleitung spezieller Erörterungen auch Gedanken darüber nachhängen.*[118]

Warum Wien? Das ist eine nachträgliche Frage. Denn sie hat sich zunächst jenen nicht gestellt, die sich hier zusammenfanden und eine kooperative Form des Philosophierens entwickelten. Äußerliche Umstände spielten dabei eine wichtige Rolle. Die Tatsache, daß sich der Wiener Kreis in Wien zusammenfand, erscheint als eine zufällige Begebenheit. Wäre Hahn nicht von Bonn auf den mathematischen Lehrstuhl der Wiener Universität berufen worden; hätte er sich nicht so erfolgreich für den in Kiel lehrenden Berliner Schlick eingesetzt; wäre Neurath nicht aus Deutschland ausgewiesen worden; hätte der Westfale Carnap in seinem Heimatland Karriere gemacht; wäre der Sudetendeutsche Feigl nicht so sehr in Schlicks Bann gezogen worden etc. Die Konjunktive häufen sich und lassen die Bildung des Wiener Kreises als ein zufälliges Ereignis erscheinen. Und doch kann man die Augen vor der wichtigsten Tatsache nicht verschließen, daß nämlich dieses Ereignis tatsächlich an diesem Ort und zu dieser Zeit stattgefunden hat.

Bereits 1929 wird in der Programmschrift *Der Wiener Kreis*, um diesem selbstgewählten Namen einen tieferen Sinn zu verleihen, geschichtlich darauf hingewiesen, *daß Wien ein besonders geeigneter Boden für diese Entwicklung*[119] einer wissenschaftlichen Weltauffassung war. Man denke nur an die politisch liberale Atmosphäre der Stadt, an den Geist einer wissenschaftlich orientierten Volksbildung, schließlich an die empiristisch oder logisch ausgerichteten Philosophen und Naturwissenschaftler, die sich von metaphysischen Spekulationen freizuhalten wußten. Besonders Bernard Bolzano, Franz Brentano und, mehr als alle anderen, Ernst Mach werden als Wegbereiter des Wiener Kreises hervorgehoben.

Das historische Bewußtsein schärft sich mit zunehmender Entfremdung. Die Desintegration des Wiener Kreises sanktioniert die verstärkte Suche nach seinem geschichtlichen Hintergrund. Aus der Niederlage bezieht die historische Erzählung ihre Autorität und Legitimation. Es ist kein Zufall, daß zwei historische Studien Neuraths 1936 erschienen, und zwar in französischer und in schwedischer Sprache.[120] Der Emigrant blickt zurück. Und erst jetzt erhellt sich ihm überdeutlich die geschichtlich-gesellschaftliche Perspektive, in der er einst gearbeitet hat. *Der Name «Wiener Kreis» ist mehr als nur eine geographische Bezeichnung; Wien vereint seit langem die für die Entwicklung einer empiristischen Einstellung, wie sie der Kreis radikal vertritt, günstigen Bedingungen.*[121] Neurath spricht im Präsens. Aber er argumentiert historisch. Nachträglich verfolgt er den

Strom der Überlieferungen zurück, um ein Bild der Vergangenheit festzuhalten, wie es sich im Augenblick der Katastrophe beim historischen Subjekt einstellt. Nur so bleibt noch der Funken der Hoffnung angefacht, der dem logischen Empirismus eine Zukunft verspricht, auch gegen die überwältigende Macht seiner Gegner.

Nochmals gefragt: Warum gerade Wien? *Der natürliche Boden für die Entwicklung, die wir hier beschreiben wollen, ist eigentlich das politische und gesellschaftliche Durcheinander, das in der ehemaligen Monarchie herrscht und das zuweilen schwer mit einem Blick zu erfassen ist. Unaufhörlich stößt man auf ein eigenartiges Hin und Her zwischen der alten Tradition und den modernsten Versuchen, zwischen einer methodischen Unterdrückung und einer unerwarteten Toleranz.* Mit dieser grundlegenden Einsicht eröffnet Neurath seine historische Suche nach den Bedingungen, *die für den logischen Empirismus günstig waren*[122] und den Namen «Wien» zu mehr als einem beliebigen Markenzeichen werden ließen. Wien, das war zunächst das Wien Kaiser Franz Josephs, eine Stadt der Widersprüche, in der sich die verwirrende Komplexität der habsburgi-

Kaiser Franz Joseph I.
Gemälde von
Hermann Wassmuth, 1915

schen kaiserlich-königlichen Doppelmonarchie großstädtisch zentrierte. Fast alles, was in diesem «Kakanien» geschah, verkehrt sich bei näherer Betrachtung in sein Gegenteil. Immer wieder trifft man auf Situationen und Ereignisse, die eine Art Negation ihrer selbst erzeugten, und auf Phänomene, die auf subtile Weise doppelbödig und widerstreitend waren. Anlässe genug, um schwindlig zu werden.

Das politische Durcheinander Kakaniens hat niemand prägnanter kommentiert als Robert Musil: «Es war nach seiner Verfassung liberal, aber es wurde klerikal regiert. Es wurde klerikal regiert, aber man lebte freisinnig. Vor dem Gesetz waren alle Bürger gleich, aber nicht alle waren eben Bürger.»[123] Auch gesellschaftlich war alles auf einzigartige Weise widersprüchlich und mehrdeutig. Und nirgends war es deutlicher sichtbar als im Mittelpunkt der habsburgischen Hausmacht. Man brauchte dazu nur die lebensfrohe Oberfläche, die den Mythos «Wien» bildete, etwas anzukratzen. Heißblütig wurde Walzer getanzt, um vor der harten Wirklichkeit des täglichen Lebens zu flüchten; der Charme der freundlichen und warmen Wiener Cafés war nur die Kehrseite schäbiger und düsterer Mietshäuser und eines gravierenden Wohnungsmangels; wo man sich stolz als Nährboden kultureller Kreativität verstand, wurde den wirklichen Neuerern das Leben denkbar schwer gemacht; pompöse Hofzeremonien bildeten nur eine Fassade für politische Schwierigkeiten in einem unregierbaren Völkergemisch. «Man handelte in diesem Land immer anders, als man dachte, oder dachte anders, als man handelte.»[124] Kosmopolitische Tendenzen verschränkten sich mit nationalistischer und antisemitischer Engstirnigkeit. Und als die «gute alte Zeit» zu Ende ging und Wien vor allem eine Stadt der Bourgeoisie war, schien der bürgerliche Liberalismus bereits verbraucht und konnte der sozialpolitischen Entwicklung keine Perspektiven mehr bieten.

Das ist der geschichtliche Fundus, in dem sich der logische Empirismus des Wiener Kreises herausbilden konnte, wenngleich nur auf einer kleinen Insel inmitten eines breiten Stroms klerikaler, metaphysischer und konservativer Weltanschauungen.

Denn auch die geistes- und philosophiegeschichtliche Entwicklung zeigt das gleiche Wirrwarr, das für das politische und gesellschaftliche Leben im Habsburgerreich typisch war. Besonders ein Phänomen ist in dieser Hinsicht erhellend. An ihm hat Neurath die subtile Dialektik sichtbar gemacht, die Wien zum Ausgangspunkt einer konsequent empiristischen Einstellung und einer logisch fundierten Antimetaphysik werden ließen: *Österreich erspart sich das Zwischenspiel mit Kant.*[125]

Die Gründe waren weniger philosophisch als politisch. Es waren kirchliche und staatliche Kräfte, die hier die entscheidenden Weichen stellten. Mit Kant und der deutschen Philosophie wollte man in Österreich nichts

Immanuel Kant. Kupferstich von S. F. Bause nach Veit Hans Schnorr von Carolsfeld, 1791

zu tun haben. Für aufklärerische Gedanken sollte in der habsburgischen Monarchie, die mit der Machtübernahme Kaisers Franz II. (1792) den Kampf gegen das revolutionäre Frankreich aufgenommen hat, kein Platz sein. *Die Kirche und der Hof wiesen die Lehre Kants und den spekulativen Idealismus, die dafür reif waren, in Preußen zu herrschen, als Produkte der französischen Revolution entschieden zurück. Ihre Gunst gehörte den Gegnern Kants.*[126] Kants kritische Philosophie erschien als eine subversive Bedrohung, ebenso die spekulativ-idealistischen Systeme seiner Nachfolger Fichte, Schelling und Hegel. Auch in der zweiten Hälfte des Jahrhunderts, unter der ausdauernden Herrschaft Kaiser Franz Josephs (1848–1916), hat sich an dieser Haltung nichts geändert, die nach der kriegerischen Niederlage im Kampf gegen Preußen 1866 einen zusätzlichen Motivationsschub erhielt. *Wenn der Antikantianismus in Österreich bis herauf in die erste Hälfte des 19. Jahrhunderts im wesentlichen auf die antirevolutionäre Einstellung von Regierungskreisen und Kirche zurückzuführen war, so war er in der zweiten Hälfte eine Folgeerscheinung der österreichischen Niederlage bei Königgrätz.*[127]

Den Gegnern Kants gehörte die Gunst von Kirche und Hof. Es spricht für die Ironie der Geschichte, daß in dieser Atmosphäre des Ressentiments sich eine eigenständige philosophische Tradition entwickeln konnte, die aus anderen Quellen gespeist wurde als die deutsche idealistische Philosophie. Auf sie bezog sich der Wiener Kreis, wenn er sich seiner geschichtlichen Grundlagen zu vergewissern suchte. Nicht Kant, Fichte, Schelling und Hegel sind seine Gewährsleute, sondern Leibniz, Berkeley, Hume, Comte und Mill. Dazu gesellen sich jene «österreichischen» Denker, deren Namen bereits genannt worden sind: Bolzano, Brentano und Mach. Daß deren Anti-Kantianismus wiederum zu einer gefährlichen

Bedrohung gerade jener kirchlichen und staatlichen Mächte führte, die zu seiner Entfaltung beitrugen, gehört mit zu jenem «Durcheinander», das Neurath als kulturgeschichtliches Umfeld der wissenschaftlichen Weltauffassung aufgezeigt hat.

Bernard Bolzano (1781–1848) war lebenslang eingebunden in einer theologischen Kultur. Er hatte katholische Theologie, Philosophie und Mathematik studiert. Nach seiner Priesterweihe wurde er Professor für philosophische Religionslehre an der Prager Universität, wurde aus dieser Position jedoch 1819 wegen allzu sozialreformerischer Ideen entlassen. Er konzentrierte sich nun auf wissenschaftstheoretische und logische Fragen, wobei er jede subjektivistisch-idealistische Argumentation zu vermeiden suchte. 1837 erschien seine große «Wissenschaftslehre», in der er einen «logischen Realismus» entwickelte, der sich nicht mit kontingenten psychischen oder sprachlichen Vorgängen befaßte, sondern auf die eigenständige Existenz rein logischer Gegenstände zielte und sie als solche zu begreifen versuchte. Daran wird später, über Frege und Wittgenstein vermittelt, der logische Flügel des Wiener Kreises anknüpfen können.

Franz Brentano (1838–1917) war ebenfalls zunächst katholischer Priester, bevor er an der Wiener Universität als Theologieprofessor (1874–80), später nur noch als Privatdozent für Philosophie (bis 1895) lehrte. Einen Schwerpunkt seiner Philosophie bildete die Psychologie, für die er ein radikal empiristisches, deskriptives Forschungsprogramm entwarf, das sich von jeder unwissenschaftlichen Spekulation freizuhalten bemühte. Seine «Psychologie vom empirischen Standpunkt» (1874) markierte einen wegweisenden Ausgangspunkt für die Entwicklung einer empirischen Philosophie, deren

Franz Brentano, um 1880

Verfahren wissenschaftlich lehrbar sein sollte. Ihre Erkennungszeichen sind: Philosophie läßt sich als wissenschaftliche Disziplin betreiben; die Empirie ist die alleinige Quelle der Tatsachenerkenntnis, wobei der Evidenz der inneren Wahrnehmung eine zentrale Bedeutung zukommt; schließlich gilt es, sprachkritische Methoden zu entwickeln, um metaphysische Scheinprobleme aufdecken und überwinden zu können. Es wundert nicht, daß es auch jetzt wieder Kant war, dessen Lehre Brentano als Absage an ein wissenschaftliches Philosophieren kritisierte. Besonders die Annahme «synthetischer Urteile a priori», deren Analyse sich Kant zur Aufgabe gemacht hatte, wurde von Brentano als blindes Vorurteil zurückgewiesen.

Ernst Mach (1838–1916) war Physiker, Psychologe, Wissenschafts- und Ideenhistoriker. Er wollte kein «Philosoph» sein, sofern Philosophen an etwas glaubten, das nicht von den Wissenschaften untersucht werden könnte, sondern ihnen, wie in Kants Denken, «vorausgesetzt» wurde. Über sein Verhältnis zu Kant liefert Machs Autobiographie einen erhellenden Hinweis. Schon als Fünfzehnjähriger verschlang er die «Prolegomena zu einer jeden künftigen Metaphysik, die als Wissenschaft wird auftreten können», die zwar seinen jugendlichen «naiven Realismus» zerstörte, zugleich jedoch auch jede Neigung zur Metaphysik. «Die Schrift regte in gleicher Weise mein naturwissenschaftliches und psychologisches Denken an. Vom Kantschen kritischen Idealismus kam ich bald ab. Das ‹Ding an sich› erkannte ich noch als Knabe als eine unnütze metaphysische Erfindung, als eine müßige metaphysische Illusion. Bald wandte ich mich den bei Kant latent enthaltenen Berkeleyschen Ideen und nach und nach einem kriti-

Ernst Mach

schen Empirismus zu.»[128] Nach seinem Studium arbeitete Mach zunächst als Privatdozent in Wien, von 1867 bis 1895 an der Prager Universität. Experimentalphysik und -psychologie bildeten seine Forschungsschwerpunkte. Hier entwickelte er jenen «neutralen Monismus», demzufolge die Welt allein aus letzten, unmittelbar gegebenen «Elementen» und ihren Beziehungen besteht, die es wissenschaftlich auf eine möglichst genaue und ökonomisch-sparsame Weise zu beschreiben und zu systematisieren gilt. Alle Konzeptionen eines «Absoluten» (absolute Zeit, absoluter Raum, absolute Bewegung) konnten nun als metaphysische Ungetüme bekämpft werden, auch die rätselhaften Fiktionen eines Dings an sich, einer aprioristischen Substanz, einer kausalen Naturnotwendigkeit oder eines identischen (substantialisierten) Ich. Sie alle sind wissenschaftlich unrettbar und zerplatzen wie Seifenblasen, sobald man mit Ernst Machs elementaristisch-relationalem Programm Ernst macht. «Die Ansicht, welche sich allmählich Bahn bricht, daß die Wissenschaft sich auf die übersichtliche Darstellung des Tatsächlichen zu beschränken habe, führt folgerichtig zur Ausscheidung aller müßigen, durch Erfahrung nicht kontrollierbaren Annahmen, vor allem der metaphysischen (im Kantschen Sinne). Hält man diesen Gesichtspunkt in dem weitesten, das Physische und Psychische umfassenden Gebiete fest, so ergibt sich als erster und nächster Schritt die Auffassung der ‹Empfindungen› als gemeinsame ‹Elemente› aller möglichen physischen und psychischen Erlebnisse, die lediglich in der verschiedenen Art der Verbindung dieser Elemente voneinander bestehen. Eine Reihe von störenden Scheinproblemen fällt hiermit weg.»[129]

Er war bereits 57 Jahre alt, als er 1895 nach Wien zurückkam und auf eine neugeschaffene Professur für Philosophie, insbesondere Geschichte und Theorie der induktiven Wissenschaften berufen wurde. Das geschah zwar unter heftigsten Agitationen von klerikaler Seite, aber es fügte sich zugleich ein in jenes anti-kantianische Ressentiment, das die österreichische Philosophie im 19. Jahrhundert prägte und von Kirche und Hof begünstigt wurde.

Mach hat nur kurze Zeit an der Wiener Universität gewirkt. Nach einem Schlaganfall, der seine Forschungs- und Lehrtätigkeit bereits 1898 stark beeinträchtigte, reichte er 1901 sein Pensionierungsgesuch ein. (Als sein Nachfolger wurde Ludwig Boltzmann berufen.) Aber in diesen wenigen Jahren hat er auf die Kultur seiner Zeit einen nachhaltigen Einfluß ausgeübt. Die ästhetischen Neuerungen der «Jung-Wiener» (Arthur Schnitzler, Hugo von Hofmannsthal, Hermann Bahr, Peter Altenberg) wurden von seinen Ansichten ebenso stark beeinflußt wie die weltanschaulichen Überzeugungen der Austromarxisten (Otto Bauer, Friedrich Adler, Max Adler) und eines Teils der revolutionären russischen Intelligenz. Nicht zuletzt waren es ja die «reaktionäre Modephilosophie» und das «kindische Geschwätz» der «Machisten» (Alexandr A. Bogdanow, Anatoli W. Lunatscharski u. a.), die Lenin zu seinem philosophischen Hauptwerk «Materialismus und Empiriokritizismus» (1909) herausforderten, in dem er die einzige und letzte «objektiv reale Materie» zu retten versuchte vor ihrer drohenden Auflösung in sensualistische Empfindungselemente und ihre Relationen.[130] In diesem Wirkungskontext soll auch nicht unerwähnt bleiben, daß es Machs Kritik am metaphysischen «Absolutismus» des Newtonschen Raum- und Zeitbegriffs war, die einen wichtigen Impuls für Albert Einsteins Ausarbeitung der speziellen Relativitätstheorie (1905) lieferte. (1911 wurde Einstein für kurze Zeit an die deutsche Universität nach Prag berufen, auf Machs früheren Lehrstuhl für Experimentalphysik.)

Ludwig Boltzmann

Doch bleiben wir in Wien, an diesem ganz besonderen Ort, wo die Herrschaft der katholischen Weltanschauung anderen philosophischen Systemen nur wenig Raum bot und es allein möglich war, im politischen Windschatten des Anti-Kantianismus eine auf Logik und Empirie bauende Welt«auffassung» zu entwickeln, die mit «Welt» kein metaphysisches oder abgeschlossenes Ganzes meint, sondern nur das täglich wachsende Gebiet der Wissenschaft. *In dieser un-kantianischen Umgebung wuchs eine junge Generation heran, die, während sie sich mit Einzelwissenschaft befaßte, auch einem empiristischen Weltbild zuneigte. (Der Mathematiker Hans Hahn (gestorben 1934), der Physiker Philipp Frank (Einsteins Nachfolger in Prag), der Mathematiker R. v. Mises (derzeit in Istanbul), der Nationalökonom Otto Neurath und viele andere.)*[131] So hat sich Neurath 1936 rückblickend erinnert und dabei jene Personen besonders herausgestellt, die sich zu Beginn des 20. Jahrhunderts in der kakanischen Metropole zusammenfanden, um in einer doppelten Frontstellung gegen theologische Dogmatik und spekulative Philosophie sich dem Geschäft wissenschaftlicher Aufklärung zu verschreiben.

Sie hatten sich bereits um 1900 als Studienfreunde kennengelernt. Zwischen 1907 und 1912 trafen sie sich regelmäßig, meist donnerstags, in einem alten Wiener Café. Frank, der 1912 auf den Mach-Einstein-Lehrstuhl in Prag berufen wurde, hat später ausführlich beschrieben, um was es ihnen ging in diesem «1. Wiener Kreis»: Man diskutierte methodologische und wissenschaftstheoretische Fragen im Anschluß an Mach und die französischen Theoretiker Pierre Duhem, Henri Poincaré und Abel Rey, um das Werk der Aufklärung des 18. Jahrhunderts fortzusetzen, angereichert und aktualisiert durch die neuesten Einsichten der modernen Naturwissenschaften; und man besprach *politische, historische und religiöse Probleme*[132], für die es im morschen Gebäude der Habsburgermonarchie keine Lösung geben konnte. Man zählte sich zu den Linken. *Als Hahn*

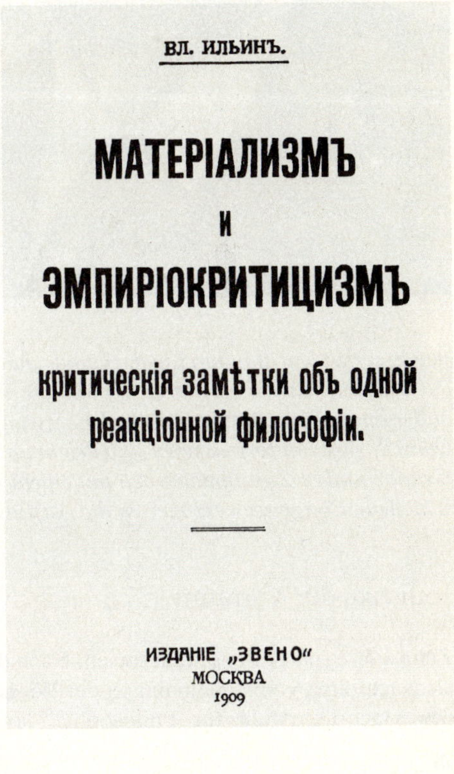

ВЛ. ИЛЬИНЪ.

МАТЕРІАЛИЗМЪ

И

ЭМПИРІОКРИТИЦИЗМЪ

критическія замѣтки объ одной реакціонной философіи.

ИЗДАНІЕ „ЗВЕНО"
МОСКВА
1909

Lenins Attacke gegen Mach und die Machisten 1909: «Materialismus und Empiriokritizismus»

Philipp Frank

seinen ersten Ruf annahm (an die Universität Czernowitz im Nordostzipfel des österreichischen Kaiserreichs) und die Wege der drei Freunde auseinandergingen, beschlossen sie, solche zwanglosen Diskussionen irgendwann in Zukunft fortzusetzen – vielleicht im Rahmen einer etwas größeren Gruppe und in Zusammenarbeit mit einem Universitätsphilosophen. Verschiedene Ereignisse verzögerten die Ausführung dieses Vorhabens.[133]

Jour fixe der Vernunft

Zehn Jahre später ist es dann soweit. Nach dem Tod von Adolf Stöhr, der als Nachfolger von Boltzmann an der Wiener Universität gelehrt hat, ist der Mach-Lehrstuhl für Philosophie der induktiven Wissenschaften vakant. Jetzt sieht Hahn, der 1921 nach Wien zurückgekommen ist, die Chance, den alten Plan der Freunde in die Tat umzusetzen. Ein Philosoph wird gesucht. Er hat verschiedene Voraussetzungen zu erfüllen: Er soll kein reiner Philosophiehistoriker sein, der sich nur im Chaos philosophischer Systeme zurechtzufinden sucht, sondern soll mit den Entwicklungen der modernen Naturwissenschaften, wie Relativitätstheorie und Quantenphysik, bestens vertraut sein; er soll über eine profunde Kenntnis der praktischen Logik wissenschaftlicher Forschung verfügen und sich nicht in abstrakte philosophische Spekulationen versteigen, die sich vom tatsächlichen Erkenntnisprozeß isoliert haben; er soll eine empiristische Grundeinstellung haben, die ihn vor metaphysischen Irrwegen zu schützen vermag; in Mathematik und Logik soll er bewandert sein; er soll sich in die unkantianische Umgebung der Wiener Intellektuellen einfügen; und er soll schließlich auch noch vom Geist der Kooperation beseelt sein, um ein Gespräch zwischen Mathematikern, Logikern und Fachwissenschaftlern verantwortlich in Gang bringen und orientieren zu können. Das sind hochgesteckte Anforderungen. Aber es findet sich ein vielversprechender Kandidat.

Moritz Schlick, um 1920

Hahn setzt sich vehement und nachdrücklich für die Berufung des deutschen Philosophen Schlick ein. In ihm ist alles verdichtet, was man sich wünscht. 1922 wird Schlick auf den Mach-Lehrstuhl berufen, zwar gegen die Bedenken der traditionellen Schulphilosophen und katholischen Theologen (Schlick ist Protestant), aber begrüßt von allen, die auf der Suche nach einem Philosophen sind, der zu einer fundierten und prinzipiellen

Diskussion der wissenschaftlichen Forschung und Erkenntnis fähig ist. Schlicks philosophische Haltung rennt bei ihnen offene Türen ein: *Man kann alle Einzelwissenschaften sehr wohl betreiben, ohne ihnen erkenntnistheoretische Grundlagen zu geben; verstehen aber kann man sie in ihrer letzten Tiefe niemals ohne solche. Dies letzte Verständnis ist ein eigentlich philosophisches Bedürfnis, und die Erkenntnislehre ist Philosophie.*[134] Sie ist Philosophie, aber nicht als eine selbständige Wissenschaft, die den Einzeldisziplinen neben- oder überzuordnen wäre, sondern als ein diskursives Freilegen eines Systems allgemeinster Prinzipien, *welches das System aller Erkenntnisse verästelnd durchsetzt und ihm dadurch Halt gibt; sie ist daher in allen Wissenschaften beheimatet, und ich bin überzeugt, daß man zur Philosophie nicht anders gelangen kann, als indem man sie in ihrer Heimat aufsucht*[135].

Diese Suche ist es, auf die sich bald nach Schlicks Eintreffen in Wien auch jene kleine geladene Gruppe begibt, die zur Keimzelle des weltweit ausstrahlenden logischen Empirismus des Wiener Kreises wird. Man trifft sich einmal die Woche, donnerstags abends, zur gemeinsamen Diskussion. Hahn, Reidemeister, Neurath und seine Frau Olga, Hahns Schwester, gehören zu den ersten ständigen Teilnehmern. Frank kommt, so oft er kann, aus Prag, um an diesem Jour fixe der Vernunft dabei zu sein. Waismann, Feigl, Kaufmann und Kraft sind eingeladen. 1926 stößt Carnap dazu, dann Gödel, Menger und einige andere.

Willard Van Orman Quine, 1935

Später sind es auch zahlreiche ausländische Gäste, die nach Wien reisen, um aus der Nähe zu sehen, was hier geschieht. Man ist international aufmerksam geworden auf diese neue Bewegung in der europäischen Philosophie. 1930 kommt Alfred Tarski aus Polen zu Besuch, 1932 reist Willard Van Orman Quine aus den

USA an, Alfred Jules Ayer aus Großbritannien. Dazu gesellen sich unter anderen der Finne Eino Kaila, der Däne Jörgen Jörgensen, der Norweger Arne Naess, der Ungar John von Neumann, der Italiener Ludovico Geymonat, der Chinese Tscha Hung. Sie alle haben zur Internationalisierung des logischen Empirismus beigetragen und ihn weltweit bekanntgemacht.

Das regelmäßige Treffen findet im Universitätsgebäude in der Boltzmanngasse statt, wo die mathematischen und physikalischen Institute untergebracht sind. Der Raum im Erdgeschoß ist ziemlich düster. Man steht in kleinen Gruppen zusammen und unterhält sich, bis Schlick in die Hände klatscht und zum Sitzen einlädt. Es werden Briefe vorgelesen (Einstein und Russell sind geschätzte Briefpartner), neue Bücher vorgestellt und diskutiert, strittige Fragen debattiert. Man informiert sich über den Stand und die Perspektiven der eigenen Forschungen und stellt sich den kritischen Einwänden der anderen Zirkelmitglieder. Behutsam lenkt Schlick die Diskussion. Er ist anregender Teilnehmer und zugleich ein Leiter mit idealer Ausgeglichenheit und besonnener Umsicht. Er beherrscht, wie sein großes Vorbild Sokrates, die Kunst der richtigen Fragestellung und insistiert mit ruhiger Beharrlichkeit auf dem klaren Ausdruck dessen, was man zu sagen meint. *Früher fragte die Philosophie nach dem Urgrund des Seienden, nach der Existenz Gottes, der Unsterblichkeit und Freiheit der Seele, nach dem Sinn der Welt und der Richtschnur des Handelns – wir aber fragen weiter garnichts als: «Was meinst du eigentlich?» Jedem, wer es auch sein mag, und wovon er auch sprechen mag, stellen wir die Frage: «Was ist der Sinn deiner Rede?» Die Meisten werden dadurch gehörig aus dem Konzept gebracht. Aber das ist nicht unsere Schuld, wir fragen ganz aufrichtig und wollen niemandem Fallen stellen.*[136]

Diese Bemerkung aus Schlicks Nachlaß liefert uns das Stichwort, auf Wittgensteins Bedeutung für den Wiener Kreis hinzuweisen. Denn er ist es, der hier mitspricht und nicht nur Schlicks sinnklärender Intention die Richtung weist, sondern auch dem philosophischen Denken seiner Weggefährten die endgültige Orientierung gibt. – Nach Schlicks Ermordung und der Emigration der tonangebenden Diskussionspartner wurden die Treffen auf privater Ebene noch bis 1938 weitergeführt. *Da wurde im wesentlichen die Problematik der Wittgensteinschen Philosophie abgehandelt. Waismann war der Hauptreferent. Das Ganze hatte den früheren Charakter völlig verloren. Der einzig bedeutende Mann war noch Waismann selbst.*[137]

Unter dem Einfluß Wittgensteins

Die Schwierigkeit, die komplexe Subtilität des Verhältnisses zwischen Wittgenstein und den einzelnen Wiener Kreis-Mitgliedern verstehen zu können, stellt sich nicht nur dem nachträglichen Geschichtsschreiber. Auch die Beteiligten selbst waren verstrickt in ein hypersensibles Spiel zwischen zaghaften Annäherungen und enttäuschenden Entfremdungen, zwischen Bewunderung und Irritation, Verehrung und Verkehrung, das sich in immer wieder neuen und überraschenden Wendungen vollzog. Nichts war einfach und selbstverständlich in diesen Beziehungen, weder in philosophischer noch in persönlicher Hinsicht. Wittgenstein übte den allergrößten Einfluß auf den Wiener Kreis aus, aber er blieb immer äußerst zurückhaltend und ungreifbar; er verweigerte jedes Zusammentreffen mit einer Gruppe, die gemeinsam philosophieren wollte, aber ließ sich doch durch

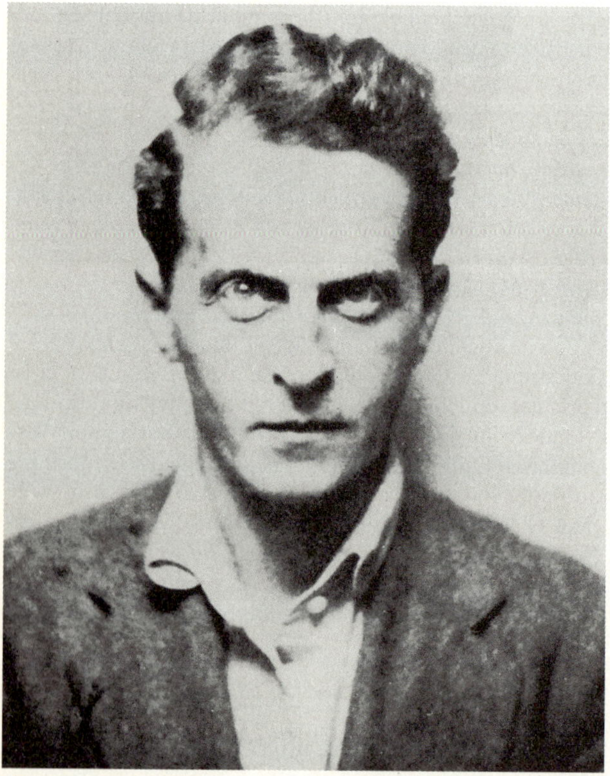

Ludwig Wittgenstein, um 1922

seine Berührung mit dem Schlick-Zirkel wieder zu einem dahinströmenden Philosophieren verführen, dessen Quelle ihm jahrelang versiegt schien; er nahm eine zentrale Position im Denken des Kreises ein, die er zugleich auf paradoxe Weise durch seine Abwesenheit als Leerstelle offenließ.

Kurt Reidemeister

Schon bald nach seiner Veröffentlichung 1921 waren einzelne Zirkel-Mitglieder auf den «Tractatus logico-philosophicus» gestoßen, auf dieses rätselhafte Buch eines Wiener Zeitgenossen, der sich mit ähnlichen Problemen herumzuplagen schien wie sie selbst. Man las mal hier, mal dort und war von einzelnen Überlegungen und Formulierungen fasziniert. Aber mit dem Ganzen konnte man schwerlich etwas anfangen. Es war Kurt Reidemeister, von 1922 bis 1925 Professor für Mathematik an der Wiener Universität und regelmäßiger Teilnehmer des Donnerstag-Abend-Kolloquiums, der ihnen einen ersten referierenden Überblick über das ganze Werk vermittelte, das von seinem Autor mit den kryptischen Worten eingeleitet worden war: «Mir scheint die Wahrheit der hier mitgeteilten Gedanken unantastbar und definitiv. Ich bin also der Meinung, die Probleme im Wesentlichen endgültig gelöst zu haben. Und wenn ich mich nicht irre, so besteht nun der Wert dieser Arbeit zweitens darin, daß sie zeigt, wie wenig damit getan ist, daß die Probleme gelöst sind. Wien, 1918, L. W.»[138]

Vielleicht hatte er ja recht. Aber um welche Probleme ging es hier? Nicht nur darüber gab es im Kreis Meinungsverschiedenheiten. Auch zahlreiche Einzelheiten wurden kontrovers gesehen. Da machte Carnap, 1926 neu hinzugekommen, den Vorschlag, *wir sollten, um die Verwirrung aufzuklären, der abschnittweisen Lektüre des Werks so viele aufeinanderfolgende Sitzungen des Kreises widmen wie nötig*[139]. Das gesamte akademische Jahr 1926/27 widmete man dieser Aufgabe. Satz für Satz wurde laut vorgelesen und ausführlich besprochen. *Oft waren lange Reflexionen nötig, um herauszufinden, was er meinte. Und manchmal fanden wir zu keiner klaren Interpretation. Dennoch verstanden wir eine ganze Menge und führten darüber lebendige Diskussionen.* So hat es Carnap rückblikkend geschildert und dabei den erhellenden Hinweis gegeben: *Durch die Diskussion des Buches lernten wir viel; und zahlreiche Überlegungen erkannten wir an, sofern wir sie unseren eigenen grundlegenden Konzeptionen assimilieren konnten.*[140]

Nicht Wittgensteins Intention lenkte ihre Lektüre. Sie lasen das Werk durch ihre eigene Brille, metaphysikkritisch, anti-kantianisch und an einer wissenschaftlichen Philosophie interessiert. Sie eigneten sich an, was sie gebrauchen konnten, und ließen beiseite, was sich nicht assimilieren ließ. Kein Wunder, daß es zu keiner philosophischen Zusammenarbeit kommen konnte mit diesem einzigartigen Denker, der seine eigenen Wege ging.

Wittgenstein hatte den Sinn seiner logisch-philosophischen Abhandlung in die Worte gefaßt: «Was sich überhaupt sagen läßt, läßt sich klar sagen; und wovon man nicht reden kann, darüber muß man schweigen. Das Buch will also dem Denken eine Grenze ziehen, oder vielmehr – nicht dem Denken, sondern dem Ausdruck des Gedankens.» (Vorwort) «Die Philosophie begrenzt das bestreitbare Gebiet der Naturwissenschaften. Sie soll das Denkbare abgrenzen und damit das Undenkbare. Sie soll das Unsagbare bedeuten, indem sie das Sagbare klar darstellt.» (4.113f.) Was Wittgenstein nur als ein Mittel sah, wurde von den Zirkel-Mitgliedern zum Zweck erklärt. Sie konzentrierten sich ausschließlich auf die Klärung des wissenschaftlich Sagbaren. Dazu lieferte ihnen der «Tractatus» eine reiche und unerschöpfliche Fülle erhellender Anregungen.

Besonders ihre Kritik der Kantischen «synthetischen Urteile a priori» als illusionärer Scheinsätze fand hier eine logische Unterstützung: So übernahmen sie einerseits Wittgensteins Konzept, daß sich die Welt durch ein komplexes Gefüge empirisch-synthetischer Sätze beschreiben läßt, die letztlich auf einfachste «Elementarsätze» zurückgeführt werden können, mit denen das Bestehen einzelner Sachverhalte behauptet wird; andererseits waren sie fasziniert von der Erhellung des rein «tautologischen» Charakters logisch-analytischer Sätze, die empirisch zwar gehaltleer sind, gerade dadurch jedoch dem Denken ein a priori sicheres Gerüst bauen. *Die unschätzbare Bedeutung des Werkes von Wittgenstein liegt nun eben darin, daß in ihm dieses Wesen des Logischen vollkommen aufgehellt und für alle Zukunft festgestellt ist.*[141] Damit war nun endlich die große Lücke im traditionellen Empirismus geschlossen, der für die Logik und ihre Geltung keine einsichtige Erklärung liefern konnte.

Auch für die von ihnen favorisierte Methode eines exakten Philosophierens glaubten die Wiener in Wittgensteins Werk eine verläßliche Richtschnur gefunden zu haben, mit der das Feld sinnvoller Aussagen genau vermessen und jeder metaphysische Irrweg vermieden werden konnte. Aber von Wittgensteins eigentlicher Intention, das Unsagbare durch die Klarheit des Sagbaren «bedeuten» zu wollen, wollten sie nichts wissen. Sie erschien ihnen wie ein mystischer Zusatz, der mit ihrer eigenen wissenschaftlichen Ausrichtung nicht zu vereinbaren war. So verharrten sie, um im Bild zu bleiben, im Innern des klar Sagbaren und weigerten sich, jenes mysteriöse Außen auch nur zu imaginieren, geschweige denn anzuerkennen, auf das Wittgenstein zielte in der unantastbaren und definitiven Gewißheit, darüber niemals eine sinnvolle wissenschaftliche Aussage machen zu können und deshalb schweigen zu müssen. In dieser Hinsicht war Neurath der schärfste Kritiker Wittgensteins, den er wiederholt als *mystifizierenden Metaphysiker* zu entlarven sich bemühte, zum Beispiel so: *«Wovon man nicht sprechen kann, darüber muß man schweigen» – ist mindestens sprachlich irreführend; es klingt so, als ob es «ein Etwas» gäbe, von dem man nicht sprechen könne. Wir würden sagen: Falls man sich wirklich ganz metaphysischer Stimmung enthalten will, so «schweige man», aber nicht «über etwas». Wir brauchen keine metaphysische Erläuterungsleiter. In diesem Punkt kann man Wittgenstein nicht folgen, dessen große Bedeutung für die Logik dadurch nicht geringer eingeschätzt wird.*[142]

Es kann nicht überraschen, daß angesichts dieser fundamentalen philosophischen Differenz auch der persönliche Umgang äußerst schwierig und immer problematisch sein mußte. Wittgenstein und der Wiener Kreis – das war eine faszinierende, etwa zehn Jahre dauernde Geschichte, in der freundschaftliche Begegnungen und brüskierende Abgrenzungen auf eine schwer durchschaubare Weise zusammenspielen.

Bereits am 25. Dezember 1924 schrieb der in Amt und Würden stehende Philosophieprofessor Schlick an den Dorfschullehrer Wittgenstein einen außerordentlich höflichen Brief, in dem er ihm seinen Wunsch nach einer persönlichen Begegnung mitteilte: *Es existiert hier eine Reihe von Leuten – ich selbst rechne mich dazu, die von der Wichtigkeit und Richtigkeit Ihrer Grundgedanken überzeugt sind, und wir haben den lebhaften Wunsch, an der Verbreitung Ihrer Ansichten mitzuwirken. […] Eine besondere Freude würde es mir sein, Sie persönlich kennen zu lernen, und ich würde mir gestatten, Sie gelegentlich einmal in Puchberg aufzusuchen, es sei denn, daß Sie mich wissen lassen sollten, daß Ihnen eine Störung Ihrer ländlichen Ruhe nicht erwünscht ist.*[143] Verschiedene Umstände

Das Wittgenstein-Haus in der Kundmanngasse, 1928

führten immer wieder zu Verschiebungen des ersehnten Zusammentreffens. Erst im Februar 1927 kam es dann zu einem ersten gemeinsamen Mittagessen. Zwar glaubte Wittgenstein, der zu dieser Zeit mit dem Bau des Hauses in der Wiener Kundmanngasse für seine Schwester beschäftigt war, «immer noch nicht im Stande zu sein, sich neben seiner jetzigen, ihn ganz und gar in Anspruch nehmenden Arbeit auf die logischen Probleme conzentrieren zu können. Auf keinen Fall möchte er mit mehreren Personen konferieren.»[144] Aber er hielt es zumindest für möglich, mit Schlick allein einige Fragen zu besprechen. Von diesem ersten Treffen kehrte Schlick in einem hingerissenen Zustand zurück, in der ehrerbietigen Haltung eines Pilgers, der einem Heiligen begegnet war. Das bot eine tragfähige Grundlage für ein gutes Einverständnis, das bis zu Schlicks Ermordung bestehen blieb, die Wittgenstein tief erschütterte und das stärkste Kettenglied zerriß, das ihn an den Wiener Kreis band. «Der Tod Schlicks ist wirklich ein großes Unglück», schrieb er Juni 1936 an Waismann. «Auch Sie und ich haben viel an ihm verloren.»[145] Zumindest hat Wittgenstein mit Schlick einen seiner größten Verehrer verloren, dessen eigenes Denken seit 1927 immer stärker unter den Bann des Bewunderten geraten war.

Es ist oft bedauert worden, daß Schlick sich bis zur Selbstverleugnung Wittgensteins Einfluß ausgeliefert hat und fast spurlos in seinem geisti-

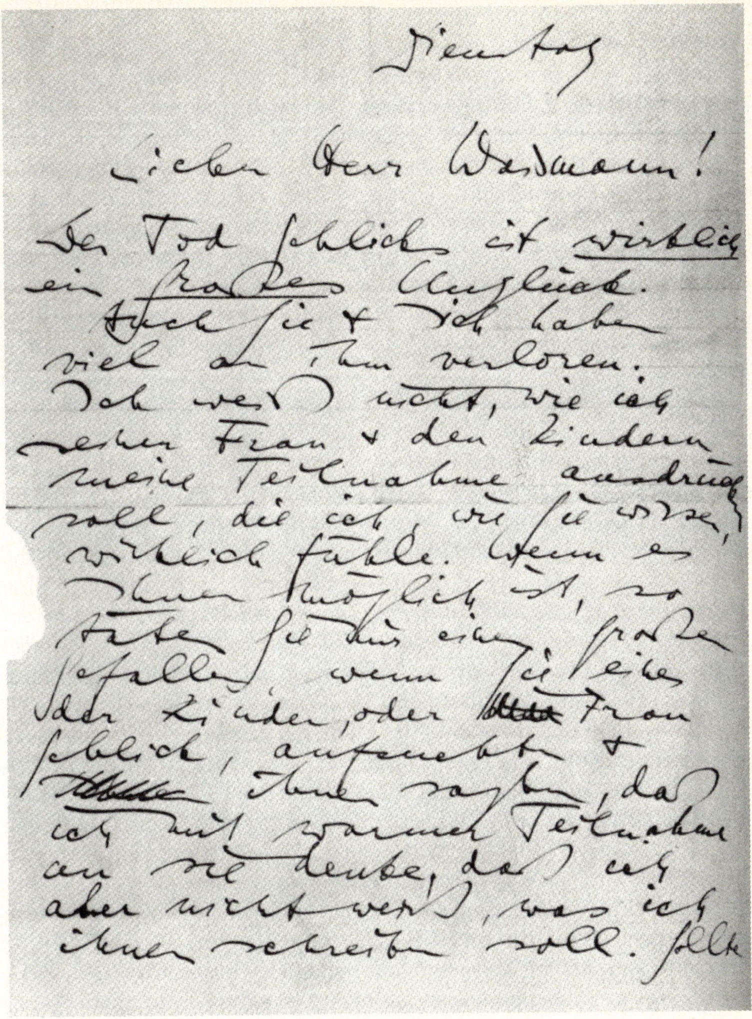

Dienstag

Lieber Herr Waismann!

Der Tod Schlicks ist wirklich ein großes Unglück. Auch Sie & ich haben viel an ihm verloren. Ich weiß nicht, wie ich seiner Frau & den Kindern meine Teilnahme ausdrücken soll, die ich, wie Sie wissen, wirklich fühle. Wenn es Ihnen möglich ist, so täten Sie mir einen großen Gefallen wenn Sie seine oder Kinder, oder Frau Schlick, aufsuchten & ihnen sagten, daß ich mit warmer Teilnahme an sie denke, daß ich aber nicht weiß, was ich ihnen schreiben soll. Sollte

Brief Wittgensteins an Waismann aus Anlaß der Ermordung Schlicks, Juni 1936

gen Dunstkreis aufging. Denn er hatte ja, nicht nur in seiner *Allgemeinen Erkenntnislehre* (1918), durchaus eigenständige Gedanken entwickelt, die er nun dem Verfasser des «Tractatus» zuschrieb. Der Stil seines Buches war vielleicht etwas steif und akademisch respektierlich gewesen, nicht so geistig aufgewühlt und unbändig konzentriert wie das geniale Werk des eigensinnigen Denkers Wittgenstein. Aber seine auflösende Kritik der kantischen synthetisch-apriorischen Urteile hatte er zum Beispiel schon formuliert, bevor er auch nur eine Zeile des «Tractatus» gelesen hatte. Er spielte seine eigene Leistung herunter. Sie erschien ihm, nach seiner Begegnung mit dem Meister, wie eine unbedeutende Schülerarbeit, die es niemals wagen kann, sich mit der unermeßlichen Kraft von Wittgensteins gedanklicher Leistung zu messen. *Die Tragweite jener Gedanken ist in Wahrheit unermeßlich: wer sie wirklich verstehend in sich aufnimmt, muß in philosophischer Hinsicht fortan verwandelt sein. Die neuen Einsichten sind für das Schicksal der Philosophie schlechthin entscheidend. Wohl wurden sie hie und da vorhergeahnt; jetzt aber sind sie zum erstenmal so aus der Tiefe begründet, daß die Philosophie an einem Wendepunkt angelangt ist.*[146]

Mag diese Idolisierung auch übersteigert sein, so trifft sie doch in einem entscheidenden Punkt zu: Unter dem Einfluß Wittgensteins verwandelte sich Schlicks Verständnis dessen, was Philosophie zu sein hat. War sie zunächst als *Allgemeine Erkenntnislehre* auf die obersten, letzten und allgemeinsten Prinzipien des Wissens und der Wirklichkeit gerichtet, so wurde sie nach der wittgensteinianischen Wende als eine sprachkritische Tätigkeit verstanden, die sich auf Aussagen und ihren möglichen Sinn konzentriert. *Sie ist nämlich diejenige Tätigkeit, durch welche der Sinn der Aussagen festgestellt oder aufgedeckt wird. Durch die Philosophie werden Sätze geklärt, durch die Wissenschaften verifiziert,*[147] heißt es 1930/31 in Schlicks «Erkenntnis»-Aufsatz *Die Wende der Philosophie*, in dem zu einem zentralen Programmpunkt des Wiener Kreises erhoben wird, was in Wittgensteins «Tractatus» so zu lesen war: «Die Gesamtheit der wahren Sätze ist die gesamte Naturwissenschaft (oder die Gesamtheit der Naturwissenschaften). [...] Der Zweck der Philosophie ist die logische Klärung der Gedanken. Die Philosophie ist keine Lehre, sondern eine Tätigkeit. Ein philosophisches Werk besteht wesentlich aus Erläuterungen. Das Resultat der Philosophie sind nicht ‹philosophische Sätze›, sondern das Klarwerden von Sätzen.» (4.11f.)

Schlick war, neben Waismann, der ideale Gesprächspartner Wittgensteins. Weil er ihn bedingungslos als philosophische Autorität anerkannte, war ein freundschaftlicher Kontakt zwischen ihnen möglich. Komplizierter gestaltete sich Wittgensteins Verhältnis zu den anderen Mitgliedern des Kreises, das einem einfachen psychologischen Gesetz zu unterliegen schien: Je selbständiger und kritischer sie waren, um so distanzierter verhielt sich Wittgenstein. Kein Wunder, daß er mit Neurath nichts zu tun haben wollte, der nie seinem Zauber verfiel und fast gegen alles, worüber Wittgenstein zu sprechen und zu schweigen bemüht war, sein metaphysikkritisches «M!»-Veto einlegte. Ihr Verständnis erschöpfte sich im gegenseitigen Wissen, daß sie gänzlich andere Ziele anstrebten und völlig getrennte Wege gingen.

Bemerkenswert in diesem Zusammenhang ist die Beziehung zwischen Wittgenstein und Carnap (die schließlich mit einem unerfreulichen Streit über das Urheberrecht an einem Gedanken völlig in die Brüche ging). Nach mehreren Begegnungen war es Schlick gelungen, Wittgenstein auch mit Waismann, Carnap und Feigl zusammenzubringen. Mehrmals trafen sie sich in Cafés, in Schlicks Wohnung, manchmal bei der «Kasperle» (Maria Kaspar, Feigls Verlobte). *Sehr interessanter, origineller, sympathischer Mensch,* notierte Carnap in seinem Tagebuch und fügte lapidar hinzu: *Künstlernatur*[148], womit er auch meinte – «mit Vorsicht zu genießen». In seiner *Intellektuellen Autobiographie* hat er später diesen ersten Eindruck präzisiert. *Allgemein besaß er einen sympathischen Charakter und war sehr freundlich; aber er war überempfindlich und schnell irritiert. Was er sagte, war immer interessant und anregend, und die Art, in der er es sagte, oft faszinierend.* Seine Haltung war jedoch Carnaps eigener Lebens- und Denkweise diametral entgegengesetzt. Hier war der sorgfältige, exakte, beharrliche und unermüdlich arbeitende Logiker, der sich nicht damit zufrieden gab, daß ein Weg von A nach B nur angedeutet wird, ohne ihn Schritt für Schritt nach strengen Regeln abzuschreiten; dort war ein Mensch mit tiefgründiger Intuition und mit der Mentalität eines *schöpferischen Künstlers, religiösen Propheten oder Sehers,* der aus der Dunkelheit ins Licht gelangen wollte. *Er machte auf uns den Eindruck, als käme die Einsicht zu ihm wie durch göttliche Inspiration.*[149]

Es war vorauszusehen, daß diese Differenz zwischen dem vernünftigen, ruhig-bedächtigen und sorgfältig argumentierenden Logiker und dem intuitiven, aufgewühlten und nach Erleuchtung strebenden «Mystiker»[150] schon bald zu einem Bruch führen mußte. Der eine in Angst vor der Intuition, der andere mit Hohn über wertlose Abstraktion und Theorie – wie hätte da eine verständnisvolle Kommunikation möglich sein sollen? *Wittgenstein wurde unduldsam, bis hin zur Entrüstung, wenn Carnap, mit den besten Absichten, ihn aufforderte, diesen oder jenen Punkt ‹etwas ausführlicher zu erklären›. «Wenn er es nicht riecht, kann ich ihm nicht helfen. Er hat eben keine Nase!» beklagte sich Wittgenstein bei mir über Carnap,* schrieb Feigl in seinen Erinnerungen an jene gemeinsamen Treffen im Sommer und Herbst 1927, auf deren Fortsetzung Wittgenstein schon bald keinen Wert mehr legte.[151] Er weigerte sich, an Diskussionen mit Carnap, dann auch mit Feigl, weiterhin teilzunehmen und traf sich nur noch mit Waismann und Schlick. *Ludwig Wittgenstein und der Wiener Kreis. Gespräche, aufgezeichnet von Friedrich Waismann*[152] dokumentiert diese Begegnungen (1929–1932), bei denen kaum noch kritisch nachgefragt, sondern nur den Worten des Verehrten gelauscht wurde.

Alle Verfasser von Wiener Kreis-Memoiren stimmen darin überein, daß Wittgenstein nie an einem Treffen des Kreises teilgenommen hat und auf Begegnungen mit den meisten Mitgliedern keinen Wert legte. Nur einmal hatten sie die Gelegenheit, diesen geheimnisvollen Menschen aus der Nähe sehen zu können. Es war ein denkwürdiges Ereignis, das auch für die Philosophiegeschichte bedeutsam werden sollte. Im März 1928 gelang es Feigl und Waismann, Wittgenstein dazu zu überreden, mit ihnen einen Vortrag des holländischen Mathematikers Brouwer zu besuchen. Menger, auf den diese Idee zurückging, hat über Wittgensteins Auftritt berichtet. *Als Hahn, der Brouwer einzuführen hatte, von Waismann erfuhr, daß Wittgenstein das Auditorium betreten hatte, ging er ihm entgegen, um sich vorzustellen und den Gast nach vorne zu führen. Dieser aber setzte sich ziemlich abrupt in eine mittlere Reihe. Dort verblieb er während des Vortrags bewegungslos mit gespannter Aufmerksamkeit, anfangs scheinbar überrascht, später mit einem gewissen Ausdruck von Vergnügen.*[153] Es scheint, als sei Wittgenstein in diesem Augenblick wieder von jener Lust zum Philosophieren beseelt worden, die ihm jahrelang vergangen war. Er hatte geglaubt, alles, was er wirklich zu sagen wußte, im «Tractatus» bereits gesagt zu haben, und keinen Antrieb zu einer philosophischen Tätigkeit mehr verspürt. Jetzt begann der Strom wieder zu fließen. *Als Wittgenstein anschließend mit uns in ein Café ging, fand ein großes Ereignis statt. Plötzlich legte Wittgenstein los und redete in einem fort ausführlich über Philosophie. Dies war vielleicht der entscheidende Wendepunkt, denn als er 1929 an die Universität Cambridge ging, war Wittgenstein wieder ein Philosoph und begann, einen ungeheuren Einfluß*

L. E. J. Brouwer

auszuüben.[154] So war es also nicht nur Wittgenstein, unter dessen Einfluß der Wiener Kreis seine entscheidende philosophische Orientierung gewann, sondern es war auch der Wiener Kreis, in dessen Atmosphäre Wittgenstein zurück zur Philosophie fand.

Der Verein Ernst Mach, 1928–1934

Es kennzeichnet die politische Paradoxie des Wiener Kreises, daß er von einzelnen seiner Mitglieder aus politischen Gründen entpolitisiert worden ist. So entstand der irreführende Eindruck, es hier mit einer rein akademischen Vereinigung zu tun zu haben, die sich nur mit philosophischen und wissenschaftslogischen Fragen beschäftigt hat, ohne jede politische Intention und Wirkung. So hat zum Beispiel Hans Reichenbach auf Hugo

Hans Reichenbach, 1931

Victor Kraft

Dinglers Attacke im Vorwort seiner «Grundlagen der Geometrie» (1933), der Wiener Kreis, die Berliner Gesellschaft für empirische Philosophie und deren gemeinsame Zeitschrift «Erkenntnis» ständen dem «politischen Bolschewismus» nahe, 1934 «In eigener Sache» verteidigend darauf hingewiesen, daß sowohl die Zeitschrift als auch deren Mitarbeiter «mit Politik schlechterdings nichts zu tun»[155] haben. – Ähnlich hat Schlick reagiert, als er in einem Brief vom 2. März 1934 an die Bundespolizeidirektion Wien gegen die Auflösung des Verein Ernst Mach (VEM) Einspruch erhob mit dem Hinweis, *daß der Verein absolut unpolitisch ist, und daß die Behauptung, seine Tätigkeit habe irgend etwas mit der sozialdemokratischen Partei zu tun, wirklich völlig irrig ist*[156]. – Und Victor Kraft (1880–1975), dem 1938 die Lehrbefugnis entzogen worden war, hat 1950, als er siebzigjährig endlich doch noch Lehrstuhlinhaber an der Wiener Universität wurde, in seiner einflußreichen Monographie *Der Wiener Kreis. Der Ursprung des Neopositivismus* noch einmal den gleichen Ton angeschlagen, in einer kleinen Fußnote, mit der er den antipositivistischen Vorbehalten im Nachkriegsösterreich Tribut zollte: *Eine politische Tendenz, wie sie Neurath manchmal in die Veröffentlichungen hineinzutragen suchte und wie sie Dingler im Vorwort seiner «Grundlagen der Geometrie» 1933 dem «Wiener Kreis» vorgeworfen hat, hatte mit den Bestrebungen des «Wiener Kreises», die rein philosophische waren, nichts zu tun. Reichenbach hat sie […] zurückgewiesen und auch Prof. Schlick hat sie mir gegenüber ausdrücklich abgelehnt.*[157]

Welchen Wert haben diese Geständnisse, die unter politischen Zwängen geleistet worden sind? Wie groß ist ihr Wahrheitsgehalt?

Diese Fragen hilft ein Blick auf die Geschichte jenes Vereins zu beantworten, der Ernst Mach zu seinem Namensgeber gewählt hat. In seinem Rahmen ist der Wiener Kreis an die Öffentlichkeit getreten und hat eine dezidiert politische Verantwortung übernommen, verankert in der volksaufklärerischen Kulturbewegung des «Roten Wien». Denn nach der Festigung der logisch-empiristischen Grundhaltung, deren Fundament im Donnerstag-Abend-Zirkel gelegt worden war, begnügte sich der Schlick-Kreis nicht mehr damit, *als geschlossener Zirkel Kollektivarbeit zu leisten.* Jetzt geht es ihm auch darum, *mit den lebendigen Bewegungen der Gegenwart Fühlung zu nehmen, soweit sie wissenschaftlicher Weltauffassung freundlich gegenüberstehen und sich von Metaphysik und Theologie abkehren. Der «Verein Ernst Mach» ist heute die Stelle, von der aus der Kreis zu einer weiteren Öffentlichkeit spricht.* So heißt es 1929 in der Programmschrift des Wiener Kreises, die *Für den Verein Ernst Mach* von Hahn, Neurath und Carnap unterzeichnet worden ist.

Der VEM war kein organisatorisches Geschöpf des Wiener Kreises. Er war auch nicht das popularisierende Privatunternehmen einiger seiner «linken» Mitglieder, als das er manchmal hingestellt worden ist. Er war von anderen initiiert und institutionalisiert worden. Aber er bot ein vielversprechendes Mittel zur öffentlichen Verbreitung der Gedanken, die sich zunächst in der geschlossenen Privatheit eines Zirkels entwickelt und profiliert hatten. Die Gründung des VEM ging auf eine Initiative des Freidenkerbund Österreich zurück, einer sozialreformerischen Vereinigung, die sich ursprünglich im «Kampf gegen den verpfafften Staat» zusammengefunden hatte, die Arbeiterbewegung und fortschrittliche Intellektuelle als Adressaten anpeilte und sich zum Ziel gesetzt hat: «Pflege des freien Gedankens, d.i. Ausbau und Verbreitung einer auf wissenschaftlicher Grundlage

Ernst Mach

beruhenden sozialistischen Weltanschauung und Lebensführung.» Bereits im April 1927 wurden dem Wiener Magistrat vom Freidenkerbund die Statuten eines geplanten Allgemeinen Naturwissenschaftlichen Bildungsvereins Ernst Mach zugeschickt, dessen Absicht es sein sollte, «durch Einrichtung von Kursen, Abhaltung von Vorträgen und Vorlesungen, durch Führungen und Exkursionen, durch Beistellung fachwissenschaftlicher Literatur naturwissenschaftliche Kenntnisse zu verbreiten»[158]. Diese angestrebte Vereinsgründung stand ganz in der Tradition der Wiener Volksbildungsbewegung, die unter einer sozialdemokratischen Stadtverwaltung vielfältige Formen entstehen ließ. Die Wiener Volkshochschulen gehörten ebenso dazu wie die Arbeiterhochschule oder Neuraths Gesellschafts- und Wirtschaftsmuseum.

Am 23. November 1928 findet im Festsaal des Alten Rathauses Wien die Gründungsversammlung des VEM statt. Sein Untertitel ist modifiziert und gibt die rein naturwissenschaftliche Ausrichtung auf: Verein zur Verbreitung von Erkenntnissen der exakten Wissenschaften. Und erst jetzt sind auch die Teilnehmer des Schlick-Zirkels dabei. Während im «Proponentenkomitee» bevorzugt Namen bekannter Freidenker auftauchen, die besonders im schulischen Bereich tätig sind (Stadtschulräte, Schulräte, Bezirksschulinspektoren), besetzen sie wichtige repräsentative Positionen, die ihnen einen konzeptionellen Einfluß ermöglichen. Schlick wird zum Vorsitzenden gewählt, Hahn wird Obmann-Stellvertreter, Neurath und Carnap werden als Schriftführer eingesetzt, Zilsel und Löwy finden sich unter den Beisitzern. Insgesamt ist ein Rückgang der freidenkerischen Dominanz festzustellen zugunsten des Wiener Kreises und sozialdemokratischer Funktionäre. Besonders auf wissenschaftlichem und philosophischem Terrain drängt der Wiener Kreis, der in diesem organisatorischen Kontext seinen Namen findet, mit seiner wissenschaftlichen Weltauffassung in den Vordergrund. «Während die Organisation nach der Gründung noch immer den Freidenkern überlassen wurde, lieferte der Wiener Kreis den seriösen wissenschaftlichen Impuls und trug zu einer breiteren und intensiveren Vortragstätigkeit bei.»[159]

Bereits auf der Gründungsversammlung hält Neurath einen programmatischen Vortrag über *Ernst Mach und die exakte Weltanschauung* und eröffnet damit einen bunten Reigen öffentlicher Auftritte seiner Weggefährten, die in den folgenden Jahren – bis zur Auflösung des VEM 1934 – über Ergebnisse und Perspektiven eines logisch-empiristischen Denkens referieren und ihm eine gesellschaftliche Resonanz verschaffen. Unter anderem spricht Hahn über *Überflüssige Wesenheiten (Occams Rasiermesser),* über *Mathematik und Wissenschaft,* über *Sprache und Physik;* Neurath über *Einheitswissenschaft und Marxismus; Magie und Technik; Soziologie in physikalischer Sprache; Einheitswissenschaft und Psycholo-*

gie; Carnap über *Gott und Seele. Scheinfragen der Metaphysik und Theologie; Einheitswissenschaft auf physischer Basis;* Schlick über *Wissenschaftliche Weltauffassung in den USA; Probleme der Kausalität; Philosophische Strömungen in den USA;* Feigl über *Naturgesetz und Willensfreiheit; Statistische Gesetzlichkeit;* Waismann über *Logik, Sprache Philosophie; Logik und Sprache* usw.[160]

Mit der Gründung des VEM ist der Wiener Kreis in seine Öffentlichkeitsphase eingetreten. Er nimmt nun aktiv teil an der vorwärtsdrängenden Kulturbewegung, die auf dieser sozialdemokratisch regierten urbanen Insel ein gewaltiges soziales Aufbau- und Bildungswerk durchführt, umgeben von einem konservativ-klerikalen Umfeld, dessen Politik von der Christlich-sozialen Partei dominiert wird. Er weiß, wer seine Bündnispartner sind, und kennt seine Gegner. Die Frontstellung gegen Metaphysik, theologisierendes Denken und einen vordringenden Irrationalismus ist keine akademische Sache mehr. Es geht nicht mehr nur um philosophische Positionen, sondern um damit verbundene politische Haltungen und Aktivitäten in einem umfassenden gesellschaftlichen und kulturellen Kampf. Der Schritt an die Öffentlichkeit verstrickt den Wiener Kreis in die *heftigen sozialen und wirtschaftlichen Kämpfe der Gegenwart* und erzwingt eine deutliche Ortsbestimmung im politischen Widerstreit: *Die eine Gruppe der Kämpfenden, auf sozialem Gebiet das Vergangene festhaltend, pflegt auch die überkommenen, oft inhaltlich längst überwundenen Einstellungen der Metaphysik und Theologie; während die andere, der neuen Zeit zugewendet, besonders in Mitteleuropa diese Einstellungen ablehnt und sich auf den Boden der Erfahrungswissenschaft stellt.*[161] So steht es in der schon mehrfach zitierten Programmschrift *Wissenschaftliche Weltauffassung – Der Wiener Kreis,* über deren Zustandekommen und Zielrichtung hier ein kurzer Hinweis genügen muß. Sie spiegelt nicht nur das politische Bewußtsein der «linken Fraktion» des Kreises, sondern auch dessen innere pluralistische Physiognomie.

Anfang 1929 erhielt Schlick einen lukrativen Ruf an die Universität Bonn. Damit drohte nicht nur dem Zirkel ein einschneidender Verlust, sondern auch dem VEM, dessen Vorsitzender er war. In dieser Situation wandte sich der Vorstand des VEM am 2. April an Schlick und die Vereinsmitglieder. *Der Verein Ernst Mach beglückwünscht seinen Vorsitzenden, Professor Schlick, zu der ihm durch die Berufung an die Universität Bonn zuteil gewordene Anerkennung und bittet ihn zugleich, bei seiner Entscheidung die ideellen Momente zu beachten, die zugunsten seines Verbleibens in Wien sprechen: die Anhänger exakt wissenschaftlicher Weltauffassung wären ihres geistigen Führers, ihres anerkannten Vertreters an der Universität beraubt, wenn Professor Schlick Wien verliesse und es bestünde keine Möglichkeit, dass ein anderer die so im geistigen Leben Wiens entstehende Lücke ausfüllen könnte. Der Schaden, den die im Verein Ernst Mach in engster Gedankengemeinschaft mit seinem Vorsitzenden vertretene Weltauffassung dadurch erleiden müsste, wäre ein tiefer und schmerzlicher.*[162]

Das Schreiben hatte Erfolg. Keineswegs leichten Herzens entschloß sich Schlick, in Wien zu bleiben, obwohl einige Gründe für Bonn und Deutschland sprachen und zudem die österreichische Regierung keinen besonderen Wert auf sein Bleiben legte. Bald darauf reiste Schlick als Gastprofessor an die kalifornische Stanford University.

Während seiner Abwesenheit forcierte der VEM die Vorbereitung einer «Tagung für Erkenntnislehre der exakten Wissenschaften», die vom 15. bis 17. September 1929 in Prag stattfinden sollte, in Zusammenarbeit mit der Berliner Gesellschaft für empirische Philosophie. Und er plante dazu die Veröffentlichung einer programmatischen Schrift, die Hahn, Neurath und Carnap verfassen sollten als eine grundsätzliche Standortbestimmung des Wiener Kreises. Im Geleitwort dieser Broschüre, die im August 1929 fertiggestellt war und vom VEM als 1. Band in der Reihe «Veröffentlichungen des Vereins Ernst Mach» publiziert wurde, war zugleich festgehalten worden: *Die Schrift soll Moritz Schlick im Oktober 1929 nach seiner Rückkehr von der Gastprofessur an der Stanford-Universität, Kalifornien, überreicht werden als Zeichen des Dankes und der Freude über sein Bleiben in Wien.*

Bemerkenswert in diesem Zusammenhang ist die Reaktion Wittgensteins, der über Waismann zur Mitarbeit an einer umfangreichen kommentierten Bibliographie der Programmschrift gebeten wurde, sich dafür aber überhaupt nicht begeistern ließ und aus Cambridge schrieb:

«Lieber Herr Waismann!

Das ist eine schwere Geschichte. Ich bin so wie die übrigen Freunde Schlicks der Ansicht, dass ihm eine Freude bereitet werden soll. Aber ich bin auch dafür, dass sich die Wiener Schule bei diesem Anlass nicht prostituieren soll, wie alle Wiener Institutionen bei jedem Anlass tun möchten. Und es ist mir unangenehm zu denken, dass hier wieder einmal ein an sich guter Grund als Anlass zur G'schaftelhuberei benutzt werden soll. Eben weil M. Schlick ein nicht gewöhnlicher Mensch ist, so verdient er, dass man sich davor hütet, ihn und die Wiener Schule, deren Exponent er ist, ‹in guter Absicht› durch Grossprecherei lächerlich zu machen. Wenn ich sage Grossprecherei, so meine ich damit jede Art der selbstgefälligen Selbstbespiegelung. ‹Absage an die Metaphysik!› Als ob das was Neues wäre! […] Was nun die Inhaltsangabe meines Buches betrifft, was habe ich mit der zu schaffen! Wenn sie in einem anständigen Geiste, d. h. mit Sachlichkeit und Bescheidenheit abgefasst wird – oder soll ich sagen würde – so habe, oder hätte, ich nichts dagegen; andernfalls ist sie nicht in meinem Sinne und ich verböte sie, wenn mir das was nützte! Rein persönlich bitte ich Sie – nicht um meinetwillen (denn mir geschieht dabei nichts) sondern um Ihretwillen – benehmen Sie sich anständig! D. h. tun Sie nichts aus Gefälligkeit gegen eine Clique (Hahn, Carnap, etc.) was Sie später – halb lächelnd – gegen sich und andere entschuldigen müssen. [...] Bitte nehmen Sie diesen Brief auf, wie er gemeint ist, nämlich gut und ernst.»[163]

Wittgensteins Bedenken haben keine Wirkung gezeigt. Die Schrift erschien, mit Waismanns Zusammenfassung des «Tractatus», in einer von den VEM-Mitgliedern gebilligten Form: programmatisch pointiert und mit einer deutlichen politischen Zielrichtung. Die «Absage an die Metaphysik» war zum integralen Bestandteil des Kulturkampfes erklärt worden. Schlick war, als er die Schrift erhielt, zwar freudig überrascht. Aber er war über diese Danksagung dennoch nicht recht glücklich. Denn er konnte sich, wie er 1930 einem Bekannten mitteilte, *weder mit dem reklamehaften Stil, noch mit den etwas dogmatisch anmutenden Formulierungen der Broschüre einverstanden erklären*[164].

Aber dieser Vorbehalt hinderte Schlick nicht, in den kommenden Jahren engagiert an der intensiven und breitgestreuten Öffentlichkeitsarbeit des Wiener Kreises mitzuwirken, die zu Beginn der dreißiger Jahre einen Höhepunkt erreichte. Es wurden Vortragsreihen organisiert, Kontakte zu geistesverwandten Wissenschaftlern und Künstlern hergestellt, Tagungen besucht oder veranstaltet. (Bereits im September 1929 fand in Prag die «1. Tagung für Erkenntnislehre der exakten Wissenschaften» statt, ein Jahr später in Königsberg die 2. Tagung.) All diese Aktivitäten wurden publizistisch flankiert und damit einem breiteren Lesepublikum zugänglich gemacht. 1930 begannen, im Auftrag der Berliner Gesellschaft für empirische Philosophie und des VEM, Reichenbach und Carnap die Zeitschrift «Erkenntnis» herauszugeben, die bis 1937 im Leipziger Felix Meiner-Verlag erschien, von 1938 bis 1940 dann in Den Haag, bei van Stockum & Zoon. In ihr wurden die Kongreßvorträge veröffentlicht, die institutionalisierten Arbeiten der beiden Vereine vorgestellt und grundlegende Fragen diskutiert. Im Julius Springer-Verlag Wien erschienen die «Schriften zur wissenschaftlichen Weltauffassung», herausgegeben von Frank und Schlick, in deren Rahmen einige der zentralen Werke von Carnap (*Abriß der Logistik*, 1929; *Logische Syntax der Sprache*, 1934), Schlick (*Fragen der Ethik*, 1930), Neurath (*Empirische Soziologie*, 1931), Frank (*Das Kausalgesetz und seine Grenzen*, 1932) und Popper («Logik der Forschung», 1934) publiziert wurden.

Daß diese große gedankliche und publizistische Arbeit nicht ohne politische Wirkung blieb, zeigte sich besonders am Widerstand ihrer Gegner, deren Spektrum von der traditionellen Schulphilosophie über einen

11. September 1933: Engelbert Dollfuß agitiert für die ständische Neuordnung Österreichs

katholischen Konservatismus bis hin zu faschistischen Weltanschauungslehren reichte. *Zwar drohen ihr sicherlich schwere Kämpfe und Anfeindungen. Trotzdem gibt es viele, die nicht verzagen, sondern, angesichts der soziologischen Lage der Gegenwart, hoffnungsfroh der weiteren Entwicklung entgegensehen.*[165] Diese Voraussicht wurde bald bestätigt. Die drohenden Kämpfe und Anfeindungen erwiesen sich allerdings als stärker als der hoffnungsfrohe Blick nach vorn.

Die Auflösung des VEM stellte in dieser Hinsicht ein einschneidendes Datum dar. Schon 1933 hatte sich die innenpolitische Situation Österreichs radikal verändert. Nationalsozialistischer Terror und antisemitische Ausschreitungen waren an der Tagesordnung. Im März 1933 war das Parlament entmachtet und das rechts-diktatorische Regime unter Bundeskanzler Dr. Engelbert Dollfuß putschistisch etabliert worden, in doppelter Frontstellung gegen den Nationalsozialismus und die Sozialdemokratie. In epochaler Distanz zum liberalen Rechtsstaat wurde ein autoritärer christlicher Ständestaat etabliert, in dem die alten herrschenden Gruppen ihre Vorrechte gegen die Drohung von links und rechts verteidigen konnten. Der Republikanische Schutzbund war ebenso aufgelöst worden wie der österreichische Freidenkerbund. Die Vaterländische Front war gegründet worden mit der Absicht, in ihr alle zusammenzufassen (ob Parteien, Vereine oder Einzelpersonen), die hinter Dollfuß stehen und seinem Feldruf folgen wollten: «Österreich über alles, wenn es nur will.» 1934 verschärfte sich die Lage. Als es am 12. Februar zu Kämpfen zwischen Schutzbündlern und staatlichen Gewalten kam, die nach wenigen Tagen mit der blutigen Niederlage der bewaffneten Arbeiter endeten, war auch das politische Schicksal der Sozialdemokratie und ihr nahestehender Organisationen endgültig besiegelt. In der Kälte des Februars wurde die legale Arbeiterbewegung bis in die kleinste Sportorganisation zerschlagen, ihre Gelder und Häuser beschlagnahmt. Tausende wurden verhaftet, und viele konnten sich nur durch Flucht ins Ausland dem Gefängnis entziehen.

Am 23. Februar wurde von den autoritären, «klerikal-faschistischen»[166] Machthabern auch die Auflösung des VEM polizeilich verfügt, und zwar mit der offiziellen Begründung des Verbots der sozialdemokratischen Partei. Im Hinblick darauf entsprach «der in Rede stehende Verein ‹Verein Ernst Mach in Wien›, von dem amtsbekannt ist, daß er für

12. Februar 1934: Gefangene Mitglieder des Republikanischen Schutzbundes werden abgeführt

diese Partei tätig war und noch ist, nicht mehr den Bedingungen seines rechtlichen Bestandes»[167].

Dagegen erhob Schlick in zwei Protestbriefen verzweifelt Einspruch. Am 2. März 1934 schrieb er an die Wiener Bundespolizeidirektion jenen ent-politisierenden Bittbrief, in dem er es für einen *schlechthin zufälligen Umstand* erklärte, *daß einige der Gelehrten, die an den Bestrebungen des Vereins Interesse hatten, jener Partei angehörten.* Dieser hilflose Einspruch, der von Carnap und Neurath als politisch kurzsichtig entschieden kritisiert worden ist, nützte ebensowenig wie die Beschreibung seiner eigenen Haltung, mit der er sich von jeder politischen Intention und Aktivität freizusprechen versuchte. *Ich persönlich würde mich niemals dazu hergeben, Obmann eines Vereines zu sein, welcher politische Zwecke verfolgt. Um mir als Philosoph die Unabhängigkeit meiner Meinung unter allen Umständen zu erhalten, bin ich nie in meinem Leben Mitglied einer Partei gewesen, am allerwenigsten der sozialdemokratischen. Jede parteipolitische Betätigung ist mir äußerst zuwider, und ich muß gestehen, daß es mich innerlich kränken würde, wenn der Verein, dessen Obmann ich bin, gerade wegen einer solchen Betätigung aufgelöst würde.*[168] Auch sein zweiter Brief blieb erfolglos. Am 2. Mai 1934 wurde der Auflösungsbescheid rechtsgültig.

Die vertriebene Vernunft

Schlick sah *eine gewisse Tragikomik*[169] darin, daß ausgerechnet er als Führer eines Vereins mit regierungsfeindlichen Tendenzen erscheinen konnte. Hatte er denn nicht schon am 1. Juli 1933 dem hochgeehrten Herrn Bundeskanzler Dr. Dollfuß in einem spontan geschriebenen Brief seinen Glückwunsch und *die herzlichsten Gefühle des Dankes und der Sympathie* ausgesprochen? Er war doch in die Vaterländische Front eingetreten und hatte als Wahlösterreicher mit großer Freude beobachtet, *wie tatkräftig die von Ihnen geführte Regierung bemüht ist, unserem Lande und Staate die Geltung zu verschaffen, die ihnen kraft der wertvollen besonderen Eigenschaften dieses Volkes gebührt*[170]. Er konnte einfach nicht verstehen, warum der VEM, den er als Vorsitzender repräsentierte, verboten werden sollte.

Daß Schlick, dieser großbürgerlich-aristokratische Mensch, kosmopolitische Liberale und sokratische Philosoph, die Politik des Dollfuß-Regimes nur unscharf gesehen hatte, wurde ihm bald bewußt. Er hatte nur die Abwehrfunktion der neuen Regierungs- und Staatsform gegenüber der nationalsozialistischen Bedrohung wahrgenommen und begrüßt; für die gewaltsame Zerschlagung der parlamentarischen Demokratie und aller

12. Februar 1934: Die Büsten am Republikdenkmal sind verhüllt mit dem Kruckenkreuz der Vaterländischen Front

Organe der Arbeiterbewegung hatte er dagegen keinen klaren Blick. Sie erschien ihm als kleineres Übel, sofern nur die Ausbreitung des von ihm gehaßten Nationalsozialismus *mit allen Mitteln* verhindert wurde.

Nicht nur wegen dieses Verhaltens anläßlich der erzwungenen Auflösung des VEM wurde Schlick (neben Waismann) von Carnap zum *konservativen rechten Flügel*[171] des Wiener Kreises gerechnet. Er fühlte sich einer überhistorischen, autonomistischen Auffassung von Philosophie und Wissenschaft verpflichtet und wollte mit «niederer» Partei- und Tagespolitik nichts zu tun haben. Schlicks Humanismus, Pazifismus und Kosmopolitismus, die in seinem postum erschienenen, gegen den deutschen Nationalsozialismus geschriebenen Büchlein *Natur und Kultur* hervorstechen, zeugen von jenem Antifaschismus eines liberalen Intellektuellen, der sich dem verhaßten Sog europäischer Faschisierung konfrontiert sah und darauf nur hilflos reagieren konnte.

In dieser historischen Situation war das politische Bewußtsein des linken Flügels (Carnap, Hahn, Neurath, Frank, Zilsel) wesentlich schärfer und ausgeprägter. Für ihn dokumentierte das Verbot des VEM auf politisch-organisatorischer Ebene, daß der Kampf, den der Wiener Kreis *gegen Aberglauben, Theologie, Metaphysik, traditionelle Moral, kapitalistische Ausbeutung der Arbeiter usw.*[172] führte, nicht ausschließlich auf dem theoretischen Feld einer autonomen Wissenschaft und Philosophie stattfinden konnte. Es ging hier um mehr und anderes als um rein theoretische Fragen, die im Rahmen wissenschaftlicher Rationalität beantwortet werden können. Gegeneinander standen unversöhnliche praktische Entscheidungen für oder gegen bestimmte Denkweisen und politische Lebenshaltungen. Hier kamen außerwissenschaftliche Werte ins Spiel, die als solche den Geltungsbereich einer wissenschaftlichen Theorie oder philosophischen Sinnklärung transzendierten.

Was soll man tun? Soll man für oder gegen den Sozialismus, für oder gegen den Faschismus sein? 1934, auf dem Höhepunkt der Konfrontation, erschien eine kleine Schrift Carnaps, in der dieser Sympathisant eines demokratischen Sozialismus erläuterte, daß zwischen *theoretischen Fragen und praktischen Entscheidungen* eine strikte Trennung besteht, die als solche anerkannt werden muß, sofern man nicht an eine normative Ableitung des Sollens aus dem Sein, der Praxis aus der Theorie zu glauben bereit ist. Während nämlich theoretische Fragen uns auffordern, über die Wahrheit oder Falschheit von Aussagen erfahrungswissenschaftlich zu entscheiden, können uns politische Situationen dazu verführen oder herausfordern, Entscheidungen für praktisches Handeln treffen zu müssen. Diese Stellungnahmen lassen sich durch keine wissenschaftliche Erkenntnis erzwingen, sei diese auch noch so gut empirisch bestätigt oder theoretisch erklärungsstark. So gesehen war auch die politisch-aufklärerische Praxis des Wiener Kreises keine unmittelbare Konsequenz seiner wissenschaftlichen Weltauffassung und seiner Einsicht in soziale Verhältnisse. Die wissenschaftliche Erkenntnis mag über die Ursachen und Folgen sozialen und politischen Handelns wichtige Informationen liefern. Aber sie kann den Entschluß nicht abnehmen, in bestimmten Situationen auf eine bestimmte Weise zu handeln. Was der Wiener Kreis politisch erreichen wollte, lag ebenso *außerhalb des theoretischen Gebietes der Wissenschaft*[173] wie das, wogegen er sich wandte.

Aber diese Grenzziehung zwischen theoretischen Fragen und praktischen Entscheidungen bedeutete dennoch keinen Freibrief für eine gleichgültige Haltung, für Beliebigkeit und Unentschiedenheit. Auch wenn man nicht an eine bruchlose Einheit von Theorie und Praxis glaubte, so blieb doch die Pflicht der praktischen Stellungnahme. Und in dieser Hinsicht waren alle Mitglieder des Wiener Kreises, mit denen sich

Carnap einig wußte, durchaus entschieden. Mit der Anerkennung einer wissenschaftlichen Weltauffassung und ihrer Maßstäbe theoretischer Rationalität war gleichsam präjudiziert, auf welcher Seite der politischen Auseinandersetzung man sich befand. Das hat Carnap am logisch-empiristischen *Kampf gegen Metaphysik und Theologie* exemplarisch klargestellt. *Theoretisch beweisen läßt sich nur, daß philosophische und religiöse Metaphysik ein unter Umständen gefährliches Narkotikum ist. Wir lehnen dieses Narkotikum ab. Wenn andere seinen Genuß lieben, so können wir sie nicht theoretisch widerlegen. Das bedeutet aber keineswegs, daß es uns gleichgültig sein muß, wie die Menschen sich in diesem Punkt entscheiden. Wir können theoretische Aufklärung über Ursprung und Wirkungen des Narkotikums geben. Ferner können wir durch Aufruf, Erziehung, Vorbild auf die praktische Entscheidung der Menschen in diesem Punkte einwirken. Nur wollen wir uns dabei klar sein, daß diese Einwirkung außerhalb des theoretischen Gebietes der Wissenschaft liegt.*[174]

Der Wiener Kreis wurde nicht philosophisch widerlegt, sondern politisch zerschlagen. Seine theoretische Aufklärungsarbeit, die im Verein Ernst Mach eine institutionalisierte Form gefunden hatte, scheiterte nicht an internen Problemen einer wissenschaftlichen Weltauffassung, sondern an der politischen Übermacht der Gegner, für deren klerikalkonservatives Denken und staatsautoritär-antidemokratisches Handeln sie eine fundamentale Bedrohung darstellte.

Wir haben es in der Geschichte der Philosophie nicht nur mit der Philosophie selbst zu tun. Es geht nicht nur vernünftig zu. Das Schicksal des Wiener Kreises führt uns Taten von Menschen vor Augen, die sich auf das Abenteuer eines Kampfes eingelassen haben, zunächst *hoffnungsfroh der weiteren Entwicklung entgegensehend,* aber im Laufe der Zeit aus ihrem Wirkungskreis vertrieben und wie irrende Ritter auf der Suche nach neuen Perspektiven. Sie zerstreuten sich in der Emigration.

Bereits 1931 verließ Feigl, der jüdischer Abstammung war, Wien und emigrierte in die USA. Er war Realist genug, um zu sehen, daß er in einem zunehmend antisemitischen Klima, das auch an der Universität immer stärkere Verbreitung fand, keine beruflichen Chancen hatte. 1934, nach den Februarereignissen, war es Neurath, der als politisch exponiertestes Mitglied des Kreises Zuflucht in Den Haag suchte. Sein Gesellschafts- und Wirtschaftsmuseum war polizeilich durchsucht worden, ihm drohte die Verhaftung. (Bald nach seiner Emigration wurde das GWM geschlossen.) Nach Hahns unerwartetem Tod 1934 wurde sein Lehrstuhl nicht wieder besetzt. Im Dezember 1935 verließ Carnap Prag, wohin er 1931 aus beruflichen Gründen gegangen war, und emigrierte in die USA. Im Juni 1936 wurde Schlick ermordet. Als sein Nachfolger wurde der katholische Religionsphilosoph Alois Dempf berufen. Anfang 1937 floh Popper aus Wien und begann in Neuseeland zu lehren. Im gleichen Jahr emigrierte Menger. 1938, nach dem «Anschluß» Österreichs an das Deutsche Reich, entschied sich Waismann, der schon Anfang 1936 – gegen Schlicks vergeblichen Widerstand – aus seiner Bibliothekarsstelle am Philosophischen Institut entlassen worden war, zur Auswanderung. In Oxford fand er einen Zufluchtsort. Kraft blieb zwar in Wien. Aber lehren durfte er nicht mehr. 1938 wurde er als Bibliothekar eingesetzt, bald jedoch zwangspensioniert. Als letztes Mitglied des Wiener Kreises emigrierte Gödel. 1940 gelang ihm die Ausreise. Mit der transsibirischen Eisenbahn erreichte er die Mandschurei, schließlich per Schiff San Francisco.[175]

Diese Desintegration wurde komplementiert durch eine zunehmende Internationalisierung. Während der logische Empirismus an seinem Ursprungsort jede öffentliche oder universitäre Wirksamkeit verlor (und auch nach dem Krieg nicht wiedererlangte), gewann er international an Anerkennung und Einfluß. Besonders in den USA stieß er auf großes Interesse und war entscheidend an der verstärkten Hinwendung der amerikanischen Philosophie zu logischen und wissenschaftstheoretischen Fragestellungen beteiligt. Nicht nur die Gründung der einflußreichen Zeitschrift «Philosophy of Science», die von Carnap und Feigl mitherausgegeben wurde, ist dafür ein Indiz. Neue Forschungszentren wurden eröffnet, neue Stellen an den Hochschulen wurden eingerichtet, und Wissenschaftstheorie wurde in universitäre Curricula aufgenommen.

Internationale Kontakte waren bereits in Wien geknüpft worden. An Schlicks Donnerstag-Abend-Kolloquium und an Mengers «Mathematischem Kolloquium» hatten oft auch ausländische Besucher teilgenommen, über die enge Verbindungen zu Philosophen in anderen Ländern hergestellt werden konnten. Über Tarski gelang die Kontaktaufnahme zu den polnischen Logikergruppen in Warschau und Lemberg (Lukasiewicz, Lesniewsky, Chwistek, Kotarbinsky, Ajdukiewicz). Quine war aus den USA zugereist, wo sich auch Charles Morris und Ernest Nagel zunehmend für das Wiener Philosophieren zu interessieren begannen. Über Alfred Jules Ayer wurden Kontakte zu englischen Denkern geknüpft (Gilbert Ryle, Richard Beven Braithwaite, Susan Stebbing u. a.). In den

15. März 1938: Hitler betritt den Wiener Heldenplatz

skandinavischen Ländern ergaben sich enge Beziehungen zu Ake Petzäll, Arne Naess, Jörgen Jörgensen, Eino Kaila.

Daß der logische Empirismus in den dreißiger Jahren keine örtlich begrenzte Konzeption eines kleinen Wiener Zirkels mehr war, läßt sich am Erfolg der großen internationalen Kongresse ablesen, für die besonders Neurath unermüdlich organisatorisch und konzeptionell tätig war. Ausführliche Berichte wurden in der Zeitschrift «Erkenntnis» veröffentlicht. Auf einer Prager «Vorkonferenz der Internationalen Kongresse für Einheit der Wissenschaft» wurde im September 1934 ein «1. Internationaler Kongreß für Einheit der Wissenschaft/Congrès International de Philosophie Scientifique» vorbereitet, der im September 1935 an der Sorbonne in Paris stattfand. Mehr als 170 Personen aus mehr als zwanzig Ländern nahmen teil, mehr als hundert Referate wurden gehalten. Bertrand Russell hielt den Eröffnungsvortrag, Louis Rougier und Neurath waren für die Organisation hauptverantwortlich. Über ein Ereignis am Rande hat spä-

«2. Internationaler Kongreß für Einheit der Wissenschaft» in Kopenhagen 1936: Stehend Jörgen Jörgensen, der den Eröffnungsvortrag hielt, rechts von ihm, in der ersten Reihe sitzend, Philipp Frank, daneben Niels Bohr. In der 4. Reihe als dritter von links sitzt Otto Neurath, direkt hinter ihm Carl Gustav Hempel. Ebenfalls in der 4. Reihe sitzt, gleich links von Jörgensen, Karl Popper im hellen Anzug

ter Feigl berichtet. *Ayer, der Russell persönlich noch nicht kannte, und ich haben uns Russell vorgestellt. Ich sagte: «Man könnte sagen, daß wir Ihre intellektuellen Enkel sind.» Auf seine charakteristische Art fragte Russell sofort: «Und wer ist der Vater?» «Wir haben drei davon», entgegnete ich, «Schlick, Carnap und Wittgenstein.» (Allgemeines Gelächter.)* [176] Mit dieser Tagung hatte sich der logische Empirismus als internationale Bewegung etabliert. Der 2. Internationale Kongreß fand im Juni 1936 in Kopenhagen statt. Ein Jahr später traf man sich wieder in Paris zu einer «Konferenz der Internationalen Kongresse für Einheit der Wissenschaft». Auf ihr wurde auch beschlossen, jene *Internationale Enzyklopädie der Einheitswissenschaft / International Encyclopedia of Unified Science* zu fördern, deren Herausgabe Neurath zu einem neuen Schwerpunkt seiner Arbeit machte, unterstützt vor allem durch Carnap, Hempel, Frank, Jörgensen und Rougier. Sie wurde zu einem der wichtigsten Publikationsorgane moderner Wissenschaftstheorie.[177] Der 4. Internationale Kongreß, mit dem Schwerpunkt «Die wissenschaftliche Sprache», fand im Juli 1938 in Cambridge/England statt; der 5. Kongreß in Cambridge/USA, einige Tage nach Ausbruch des Zweiten Weltkriegs, zentriert auf das Problem der Wissenschaftslogik; der letzte, 6. Kongreß, 1941 in Chicago.

So war also die Auflösung des Wiener Kreises historisch verschränkt mit der erfolgreichen Internationalisierung des logischen Empirismus. Es kann allerdings nicht übersehen werden, daß für diesen Einfluß, der sich auf keinen zusammenhängenden Kreis mehr stützen konnte, auch ein Preis bezahlt werden mußte. Die Vertreibung und Emigration der Kreis-Mitglieder aus ihrem ursprünglichen Kontext führte zu einschneidenden Veränderungen ihres philosophischen und politischen Profils. Die vertriebene Vernunft erhielt ein neues Gesicht, dessen Charakteristika hier nur schlagwortartig angedeutet werden können.

Die wissenschaftliche Weltauffassung verlor ihre Radikalität und transformierte sich immer stärker zu einer entpolitisierten Wissenschaftslogik, die sich aus dem ehemaligen Umfeld des Austromarxismus und der sozialistisch-freidenkerischen Volksaufklärung völlig herausgelöst hat. Es bildete sich eine Tendenz zur programmatischen Liberalisie-

Alfred Jules Ayer und Bertrand Russell

Carl Gustav Hempel und Herbert Feigl, 1973

rung heraus, die durch die Öffnung des Kreises gegenüber fremden Traditionen (wie zum Beispiel den amerikanischen Pragmatismus) mitverantwortet wurde. Und schließlich ist eine Akademisierungstendenz als Folge der Emigration festzustellen, die dem wissenschaftstheoretischen und logischen Denken jenen Boden einer Weltauffassung entzog, auf dem es sich im Wien der ehemaligen Habsburgermonarchie und der Ersten österreichischen Republik entfaltet hatte. *The WIENER KREIS in America*[178] war kein «Wiener Kreis» mehr.

Die Philosophie

> «Die Philosophie soll die Gedanken, die sonst, gleichsam, trübe und verschwommen sind, klar machen und scharf abgrenzen.»[179]

Enträtselung

Zwar ist es kaum möglich, einen zentralen Lehrsatz des Wiener Kreises ausfindig zu machen, der gleichermaßen und unbestritten von allen seinen Mitgliedern akzeptiert wurde. Dennoch läßt sich ein roter Faden auffinden, der ihr Denken von Anfang bis Ende durchzog und sich in der Überzeugung ausdrückte: *die wissenschaftliche Weltauffassung kennt keine unlösbaren Rätsel.*[180] Folgen wir ein wenig den intertextuellen Wendungen, die diesen Faden gleichsam Faser an Faser gesponnen haben und ihn zunehmend stärker werden ließen.

Als Anknüpfungspunkt kann uns noch einmal Ernst Mach dienen. Denn er lieferte das Stichwort, das später von fast allen Verfechtern einer wissenschaftlichen Weltauffassung aufgegriffen und zur Richtschnur ihrer philosophischen Tätigkeit wurde.

Am 25. Mai 1882 hielt Mach an der Wiener Universität einen Festvortrag. Mit dem Optimismus eines Forschers, der von der stetigen Weiterentwicklung der wissenschaftlichen Erkenntnis überzeugt ist, wandte er sich scharf und nicht ohne Polemik gegen einen berühmten Zeitgenossen, dessen «Ignorabimus» zu einem erkenntniskritischen Schlagwort der Zeit geworden war. Sein Opponent war Emil du Bois-Reymond – Physiologe, materialistischer Aufklärer und begehrter Festredner –, der eine strenge Trennung zwischen «Ignoramus» (wir erkennen es [noch] nicht) und «Ignorabimus» (wir werden es nicht erkennen) gezogen hatte.[181] Während nämlich der Naturforscher im Rückblick auf die durchlaufene Bahn davon überzeugt ist, daß er vieles jetzt nicht weiß, was er unter Umständen wis-

Theodor Gomperz

sen könnte und dereinst auch wissen wird, muß er sich angesichts der Welträtsel zu dem viel schwerer abzugebenden «Wahrspruch» entschließen: Wir werden es nicht erkennen! Wir werden zum Beispiel, du Bois-Reymond zufolge, niemals wissen können, was Materie und Kraft wirklich sind, woraus Bewegung und Leben entstehen, ob es eine Zweckmäßigkeit in der Natur gibt oder nicht. Man mag seine wissenschaftliche Arbeit noch so gut tun, solche Welträtsel werden niemals zu lösen sein. Gegen diesen Skeptizismus erhob Mach seinen Einspruch und erhielt noch am gleichen Tag einen Dankesbrief von Theodor Gomperz, der sich später dann auch erfolgreich für seine Berufung an die Wiener Universität einsetzen wird: «Die stille, aber darum nicht minder wirksame Polemik gegen den ebenso anspruchsvollen als bei Licht besehen inhaltsarmen Vortrag, der in dem vielbesprochenen ‹Ignorabimus› gipfelt, war mir so sehr aus der Seele gesprochen, die Nichtigkeit jedes vermeintlichen unlösbaren Problems, welches (wie Sie schlagend richtig sagen) gar kein Problem ist, ward von Ihnen so unübertrefflich dargethan, daß ich nicht umhin kann Ihnen meine Freude darüber auszusprechen.»[182]

Du Bois-Reymonds «Ignorabimus» war ein Schibboleth der Zeit, an dem sich die Geister schieden. Mach hat es entschieden zurückgewiesen. Alle Mitglieder des Wiener Kreises sind ihm dabei gefolgt. Und Wittgenstein hat ihnen im «Tractatus» 6.5 die einprägsame Formel souffliert: «Das Rätsel gibt es nicht. Wenn sich eine Frage überhaupt stellen läßt, so kann sie auch beantwortet werden. Skeptizismus ist nicht unwiderleglich, sondern offenbar unsinnig, wenn er bezweifeln will, wo nicht gefragt werden kann. Denn Zweifel kann nur bestehen, wo eine Frage besteht; eine Frage nur, wo eine Antwort besteht, und diese nur, wo etwas gesagt werden kann.»

Zur gleichen Zeit wie Wittgenstein hat Schlick 1918 in seiner *Allgemeinen Erkenntnislehre* einen ähnlichen Gedanken ausgesprochen. Wenn wir uns darüber klarwerden, was das Wort «Erkennen», besonders hinsichtlich des wissenschaftlichen Denkens, bedeutet, so hören die ewig unlösbaren Welträtsel auf, *welche zu sein, denn es zeigt sich alsbald, daß entweder die Fragestellung verfehlt war, oder daß der Weg offen daliegt, auf dem die Frage eine präzise, wenn auch vielleicht unerwartete oder unverhoffte Antwort finden kann. […] Noch nie hat es in der Wissenschaft sich bewährt, solchen Glauben zu früh aufzugeben; nichts lähmt die Forschung so sehr wie die Verkündung eines Ignorabimus, und wir müssen uns davor hüten, es vorzeitig auszusprechen.*[183]

Zehn Jahre später hat Carnap im Schlußkapitel von *Der logische Aufbau der Welt*, das von *Aufgaben und Grenzen der Wissenschaft* handelt, dieses Mach-Wittgenstein-Schlick-Theorem nachdrücklich wiederholt: *Es gibt keine Frage, deren Beantwortung für die Wissenschaft grundsätzlich unmöglich wäre.*[184] Es gibt für uns kein «Ignorabimus», womit allerdings nicht ausgeschlossen ist, daß es unter den *Lebensrätseln* vielleicht unlösbare gibt, die als solche jedoch jenseits theoretischer Fragestellungen angesiedelt sind. – In der Programmschrift des Wiener Kreises von 1929 heißt es dann: *Die wissenschaftliche Weltauffassung kennt keine unlösbaren Rätsel. Die Klärung der traditionellen philosophischen Probleme führt dazu, daß sie teils als Scheinprobleme entlarvt, teils in empirische Probleme umgewandelt und damit dem Urteil der Erfahrungswissenschaft unterstellt werden. In dieser Klärung von Problemen und Aussagen besteht die Aufgabe der philosophischen Arbeit.*[185]

Neurath hat diese Überzeugung 1930 in seinem «Erkenntnis»-Aufsatz *Wege der wissenschaftlichen Weltauffassung* noch einmal kräftig unterstrichen, eng angelehnt an Wittgensteins Formulierung: *Was man über-*

haupt klar fragen kann, ist auch klar beantwortbar; es hat keinen Sinn, von unlösbaren Rätseln zu sprechen.[186]

Zum Abschluß noch drei Zitate aus Schlicks späterem Werk, in dem er die Philosophie ganz darauf ausgerichtet hat, die für unlösbar gehaltenen Probleme der philosophisch-metaphysischen Tradition sinnkritisch zu beseitigen. In *Die Wende der Philosophie* von 1930 ist zu lesen: *Die Fragen nach der «Geltung und den Grenzen der Erkenntnis» fallen fort. Erkennbar ist alles, was sich ausdrücken läßt, und das ist alles, wonach man sinnvoll fragen kann. Es gibt daher keine prinzipiell unbeantwortbaren Fragen, keine prinzipiell unlösbaren Probleme.*[187] – Noch in einem seiner letzten Aufsätze von 1935 beschäftigte Schlick sich mit dem Thema *Unbeantwortbare Fragen* und unterschied dabei streng zwischen einer *empirischen Unmöglichkeit*, eine gegebene Frage zu beantworten, und einer prinzipiellen oder *logischen Unmöglichkeit* im Sinne des «Ignorabimus» du Bois-Reymonds. Nur die erste dieser Un-Möglichkeiten ergibt einen kognitiven Sinn. (So können wir zum Beispiel die Frage nicht beantworten, was Platon an seinem fünfzigsten Geburtstag morgens um acht Uhr tat, oder wieviel Homer wog, als er die erste Zeile der Ilias schrieb. Aber diese empirische Unbeantwortbarkeit braucht den Philosophen nicht weiter zu beunruhigen.) Unsinnig dagegen ist die Annahme eines logisch-prinzipiellen Ignorabimus. Denn die philosophische Klärung kann die unerträgliche Last dieses Ignorabimus von den Schultern nehmen, indem sie begründet zu zeigen vermag, *daß keine echte Frage prinzipiell – d. h. logisch – unbeantwortbar ist. Denn die logische Unmöglichkeit, ein Problem zu lösen, ist gleichbedeutend mit der Unmöglichkeit, eine Methode zu beschreiben, die es erlaubt, eine Lösung zu finden; und dies ist, wie wir behauptet haben, gleichbedeutend mit der Unmöglichkeit, die Bedeutung des Problems anzugeben. Daher kann eine Frage, die prinzipiell unbeantwortbar ist, keine Bedeutung haben, sie kann überhaupt keine Frage sein: Sie ist nichts als eine sinnlose Wortreihe mit einem Fragezeichen dahinter.*[188] – Und in einem 1938 postum veröffentlichten Vortrag hat Schlick dieses Credo noch einmal resümierend so zusammengefaßt: *Nun verstehen wir das Wesen der sogenannten unlösbaren Probleme, mit denen sich die Philosophen so lange herumgeschlagen haben: Sie sind unlösbar, nicht weil ihre Lösung in einem dem erkennenden Geist für immer unzugänglichen Bezirk liegt, nicht weil sie das Vermögen unseres Verstandes überschreiten, sondern weil sie schlicht keine Probleme sind. Unglücklicherweise – nein, glücklicherweise – stellt sich heraus, daß alle echten «metaphysischen Fragen» von dieser Art sind.*[189]

An all diesen wiederkehrenden Formulierungen läßt sich die Radikalität einer wissenschaftlichen Weltauffassung ablesen, die sich nicht mehr auf den unfruchtbaren Streit metaphysischer Systeme einlassen will, sondern ihn bereits an seiner Wurzel in Frage stellt. Jetzt geht es nicht mehr darum, einer metaphysischen Einsicht mit einer alternativen Antwort zu widerstreiten und sich auf das endlose Wirrwarr einer philosophia perennis einzulassen. Nicht die immer wieder neuen Antwortversuche «metaphysischer Fragen», die sich im ausweglosen Labyrinth philosophischer Gedankengebäude verirren, werden kritisiert, sondern diese Fragen selbst, deren entlarvte Rätselhaftigkeit in einen Bereich des Unlösbaren verführt. Die *Überwindung der Metaphysik durch logische Analyse der Sprache*[190] greift deren Voraussetzungen an und versucht sie als scheinhafte oder unsinnige Verfehlungen von vornherein zurückzuweisen. Denn es gibt nichts zu verstehen oder zu erkennen, wenn die Fragen so gestellt werden, daß sie keine wissenschaftlich überprüfbaren und intersubjektiv sagbaren Antworten in Aussicht stellen.

Der Glaube an Gott und die Unsterblichkeit der Seele ist ebenso metaphysisch wie seine nihilistische Verneinung, da weder «Gott» noch «seelische Unsterblichkeit» einen klaren, mitteilbaren Sinn besitzen. *Wir werden einen Satz wie «die Welt ist die Selbstverwirklichung Gottes» nicht mehr widerlegen, indem wir etwa zu beweisen versuchen: «die Welt ist nicht die Selbstverwirklichung Gottes». Denn damit würden wir, wo die Metaphysiker den Bock melken, das Sieb unterhalten. Wir werden vielmehr zeigen, daß jener Satz sinnlos ist, nicht etwa falsch; die Gegenthese ist daher ebenfalls sinnlos.* Auch eine altehrwürdige metaphysische Frage wie die nach dem «Sein» oder dem «Nichts», die von Parmenides über Hegel bis Heidegger dem Sprachspiel der Philosophen einen dornigen Weg wies, der zu keinem erlösenden Ende führen kann, ist nur eine unsinnige Scheinfrage, die als solche sprachkritisch entlarvt werden kann und dann nicht mehr besagt *als der Kindervers «ene mene mink mank»; der Unterschied ist nur, daß sich an den metaphysischen Satz allerhand erhabene Gefühle anknüpfen.*[191]

In dieser radikalen Perspektive, die nur lösbare Probleme zu sehen erlaubte und unlösbare (metaphysische) Rätsel in den dunklen Bereich der Gefühle verdrängte, war es besonders die Philosophie Kants, an der die wissenschaftliche Welt- und Sprachauffassung des Wiener Kreises ihre Kraft und Ausdauer erprobte. Man will aufgeklärter sein als der Philosoph der Aufklärung. Gegen ihn profiliert sich der Wiener Kreis als logisch-empiristische Bewegung. Denn Kant hatte der Philosophie die allgemeine und einzige Aufgabe gestellt, eine Antwort auf die zentrale Frage zu finden, wie der menschlichen Vernunft eine ausnahmslos gültige und denknotwendige Wirklichkeitserkenntnis möglich ist, die gleichwohl nicht aus der Erfahrung entspringt und von Sinneseindrücken unabhängig ist. In der Formel «Wie sind synthetische Urteile a priori möglich?» («Kritik der reinen Vernunft», B 19) hat diese Aufgabe ihre pointierte

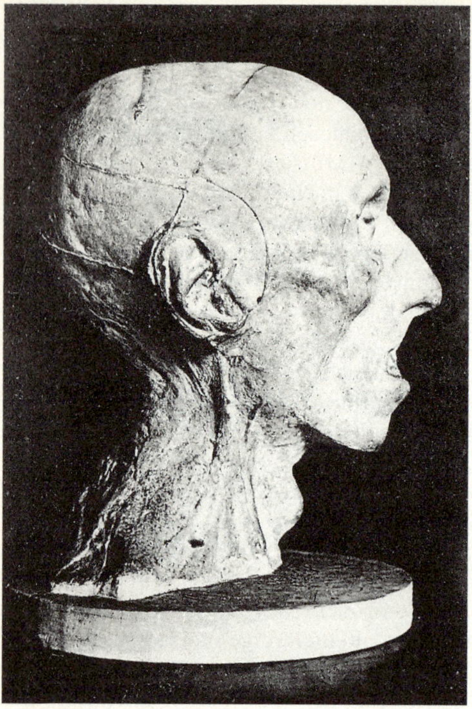

Kants Totenmaske, 1804

sprachliche Gestalt gefunden. Mit ihr wollte Kant das schwierige Geschäft der philosophischen Reflexion auf einen gemeinsamen Nenner bringen. Aber was ist, wenn schon diese Frage unsinnig ist und uns in die Falle eines unlösbaren Rätsels lockt, weil sie etwas miteinander verbindet, das nicht zusammenpaßt?

Schon in seiner *Allgemeinen Erkenntnislehre* hat Schlick diesen Nachweis zu liefern versucht, und ihm sind auch die anderen Mitglieder des Wiener Kreises gefolgt. Nicht Kants kopernikanische Rückwendung auf Bedingungen im erkennenden Subjekt, die er im Rahmen seiner idealistischen Transzendentalphilosophie vollzogen hat, stand zur Diskussion, sondern deren rätselhafter Ausgangspunkt. Er war das metaphysische Skandalon, das als unlösbares Scheinproblem zurückzuweisen versucht wurde. *Sobald einmal der Nachweis geführt ist […], daß diejenigen Urteile, die man für synthetisch und a priori gehalten hat, in Wahrheit entweder nicht synthetisch oder nicht a priori sind, fehlt jeder Anlaß zu dem Glauben, daß es überhaupt dergleichen wunderbaren Urteile in irgendeinem verborgenen Winkel der Wissenschaften noch geben sollte.*[192] In der Programmschrift ist dies 1929 noch einmal vehement bekräftigt worden: *Gerade in der Möglichkeit der Ablehnung synthetischer Urteile a priori besteht die Grundthese des modernen Empirismus. Die wissenschaftliche Weltauffassung kennt nur Erfahrungssätze über Gegenstände aller Art und die analytischen Sätze der Logik und Mathematik.*[193]

Es geht hier nicht um eine Widerlegung der Kantischen Philosophie. Der Wiener Kreis weist das großartige System dieses Philosophen nicht als falsch, fehlerhaft oder unbeweisbar zurück. Er «überwindet» es, indem er der Formel «synthetische Urteile a priori» keinen Sinn zugesteht. Denn entweder sind Erkenntnisurteile «synthetisch» und sagen etwas Hypothetisches über die Wirklichkeit aus. Dann stammen sie jedoch aus der Erfahrung und sind nicht «a priori», weder denknotwendig noch streng allgemein. Oder es handelt sich um «analytische» (nicht-synthetische) Urteile der Logik und Mathematik, die von rein formalen Beziehungen in und zwischen Begriffen oder Sätzen handeln und sich als sprachliche Tautologien entziffern lassen. Dann läßt sich ihnen zwar so etwas wie eine «apriorische» Geltung zuschreiben, sofern wir nur ihrer logischen Grammatik folgen, ohne dabei die Beschaffenheit der Welt berücksichtigen zu müssen; aber sie sind dann eben nicht mehr «synthetisch» und erfahrungswissenschaftlich fundierbar. Kants eigenwillige Engführung von «Synthesis» und «a priori» entpuppt sich als Schimäre. «Wie sind synthetische Urteile a priori möglich?» ist nur eine *sinnlose Wortreihe mit einem Fragezeichen dahinter*, und alle Bemühungen, ihr einen kognitiven Sinn, gar eine Antwort zu verleihen, sind nur ein Verpuffen geistiger Energie ins Leere.

Es qualifiziert den logischen Empirismus, daß er die Kantische Schimäre in ihre beiden unvereinbaren Bestandteile zerlegt hat: Bei ernst zu nehmenden Aussagen handelt es sich entweder um logisch-analytische Sätze a priori (Tautologien der Logik und Mathematik) oder um empirisch-synthetische Aussagen a posteriori, die von den Einzelwissenschaften über weltliche Sachverhalte gemacht und an der Erfahrung überprüft werden können. Ein drittes Dazwischen gibt es nicht. Entweder Logik oder Empirie, Tautologien oder Erfahrungsurteile. In dieser strikten und ausschließlichen Disjunktion ist für unlösbare Rätsel kein Platz mehr. Die ernsthaften Erkenntnis-, Denk- und Wirklichkeitsprobleme gelten als ent-rätselt. Denn die Sätze der Logik und Mathematik können nun als tautologische Strukturgebilde durchsichtig gemacht und die Erfahrungsurteile der empirischen Überprüfung ausgeliefert werden. Alles, was darüber hinausgeht, kann dagegen als metaphysisches Blendwerk verworfen werden, das im imaginären Raum des «Ignorabimus» sein Verwirrspiel aufführt. Gegen Kant kommt Hume wieder zu seinem Recht, der bei der Durchsicht der philosophischen Bibliotheken angesichts jeden Buches seine beiden kritischen Fragen stellte: «Enthält es irgendwelche rein gedanklichen Untersuchungen über Größe und Zahl? Nein. Enthält es eine auf Erfahrung sich stützende Untersuchung über Tatsachen und Dasein? Nein. Nun, so werfe man es ins Feuer; denn es kann nur Spitzfindigkeit und Blendwerk enthalten.»[194]

Die angestrebte Überwindung der Metaphysik verdankte sich dem Wunsch, nur noch mit lösbaren Problemen konfrontiert zu sein und unlösbaren Rätseln aus dem Wege gehen zu können. Aus ihm bezog die Metaphysik-Kritik des Wiener Kreises Impuls und Richtung. Seine Philosophie war ein eindrucksvolles Plädoyer für das «Ignoramus», demgegenüber das «Ignorabimus» als eine bodenlose Fallgrube erschien, in der sich die philosophischen Systeme der Vergangenheit verlieren mußten, auch wenn sie es nicht wollten.

Es kann nicht überraschen, daß diese Einschätzung entschieden zurückgewiesen wurde. Denn hat nicht die Metaphysik stets den Anspruch erhoben, die großartigen Rätsel der Welt und des Lebens durch eine tiefe und durchdringende Einsicht in deren Wesen lösen zu können, ohne sich dabei durch inhaltsleere Logik oder bloße Empirie fesseln zu lassen? Kaum hatte der Wiener Kreis die Wende der Philosophie proklamiert und sein logisch-empiristisches Rasiermesser gegen überflüssige metaphysische Wesenheiten wirken lassen, stieß er auf erbitterten Widerstand und mobilisierte den Kastrationskomplex jener Philosophen, die nicht gern aufgeben wollten, was sie zum Besten der großen europäischen Geistesgeschichte zählten. *Gegen uns wird die Anklage des Verrats an der Philosophie von den Anhängern jener philosophischen Modeströmungen erhoben, die Philosophie mit Metaphysik identifizieren oder die in der Metaphysik das Endziel aller philosophischen Spekulation sehen. Diese Strömungen haben die Geister in den vergangenen Jahren überreizt und sie zu leidenschaftlichen und abfälligen Angriffen gegen uns verleitet, die wir allerdings behaupten, daß es keine Metaphysik gibt.*[195]

Aus heutiger Sicht mag die anti-metaphysische Radikalität und Unversöhnlichkeit des Wiener Kreises überzogen erscheinen und über ihr Ziel hinausschießen. Nicht jeder metaphysische Erkenntnisanspruch darf über den gleichen Kamm geschoren werden und als bloßes *«ene mene mink mank»* disqualifiziert oder vernichtet werden. Ohne gründliche Prüfung kann er nicht aus der philosophischen Betrachtung ausgeschieden werden. Es besteht ein Unterschied zwischen irrationaler Schwärmerei und bedeutenden «metaphysischen» Entwürfen, die den berechtigten Anspruch erheben können, philosophisch ernst genommen und nicht von vornherein als unsinnige Wortanhäufung abgewehrt zu werden. Selbst jene Philosophen, deren intellektuelle Entwicklung durch den Wiener Kreis beeinflußt worden ist, haben sich zunehmend von seiner anfänglichen Radikalität distanziert, indem sie metaphysische Probleme wiederentdeckt haben, die «inzwischen wieder zutraulich genug geworden sind, sich ihrem alten Rätselfreund, dem Menschen, von neuem zu nähern»[196].

Dennoch kann eines nicht hoch genug geschätzt werden: das klare und helle Methoden- und Sprachbewußtsein, mit dem der Wiener Kreis all jene philosophischen Strömungen in ihre Schranken zu weisen versuchte, die nicht Schritt hielten mit der wissenschaftlichen Erkenntnis und sich in obskure Spekulation und mystagogische Vernunftfeindschaft flüchteten. Angesichts der Größe metaphysischer Anstrengungen, abgelöst von den bloß hypothetischen Vermutungen der Erfahrungswissenschaften und den rein formalen Analysen des logisch-mathematischen Denkens zu einer tiefen und unbedingten Erkenntnis des Wesens, des Seins, des Lebens oder der Totalität zu gelangen, mag das empiristisch-logische Bemühen als «klein» und «oberflächlich» erscheinen. Es ist äußerst bescheiden im Vergleich mit all jenen metaphysischen Systemen, in denen von Wesenheit, Sein, Nichts, Gott, Prinzip, Absolutem, Unbedingtem, Idee, Geist usw. gesprochen wird. Aber es ist dabei zugleich von unbeugsamer Konsequenz. Mit seiner Forderung nach logischer Durchsichtigkeit und empirischer Sachhaltigkeit menschlicher Sprache und Erkenntnis hat der Wiener Kreis neue Maßstäbe für die transparente, konsistente und weltzugewandte Lösung der philosophischen Probleme gesetzt, und nicht nur

Martin Heidegger, Marburg 1924

dieser. *Meines Erachtens leben wir in einem neuen Zeitalter der Aufklärung, indem wir beharrlich zwei zentrale Fragen stellen: «Was meinst du?» und «Wie kannst du es wissen?»* [197] Mit ihrer Hilfe läßt sich messen, was den Anspruch einer kognitiv sinnvollen Sprach-Erkenntnis erheben kann. Aber was heißt hier «sinnvoll»?

Der Wiener Kreis war von der Sinnlosigkeit der Metaphysik überzeugt. Diese Einstellung war um so stärker, je mehr der «Irrationalismus» historisch an Boden gewann und im Anschluß an Schopenhauer, Nietzsche, Bergson, Klages und andere sich als «Wiedergeburt der Metaphysik» durchzusetzen vermochte, oft genug Hand in Hand mit konservativen oder totalitären gesellschaftspolitischen Bewegungen. In dieser Hinsicht bot besonders Heideggers Philosophie und politische Haltung ein abstoßendes Beispiel. Nicht zufällig provozierte seine Antrittsvorlesung von 1929 «Was ist Metaphysik?», in der die Rätselfrage nach dem «Nichts» gegen jedes wissenschaftlich-logische Denken als philosophisch-metaphysische Grundfrage gestellt wurde, den schärfsten sinn- und sprachkritischen Widerstand des Wiener Kreises.[198] Aber seinen Mitgliedern war ebenfalls klar, daß ihr abwehrender Angriff nur erfolgreich sein konnte, wenn er durch eine positive Klärung dessen flankiert und unterstützt wurde, was dem Anspruch auf «Sinn» genügt. Wer behauptet, daß die Sätze der Metaphysik unsinnig oder sinnlos sind, muß Gründe dafür angeben können, warum er welche Sätze für sinnvoll hält. Er benötigt ein Kriterium, das zwischen sinnlosen/unsinnigen und sinnvollen Aussagen zu unterscheiden erlaubt. Die Geschichte des Wiener Kreises ist nicht zuletzt eine Gigantomachie um die Aufstellung, Auslegung, Verteidigung und Modifikation eines solchen Sinnkriteriums, wobei «Sinn» hier nicht als Chiffre eines lebenspraktischen Wertes oder einer ethischen Inspiration (Sinn des Lebens) mißverstanden werden darf, sondern im strengen Sinn gemeint ist: Es geht allein um die Frage, welche Aussagen sinnvoll sind und welche nicht, um die Suche nach einem Kriterium des kognitiven Sinns oder der kognitiven Signifikanz, das als Waffe im Kampf gegen metaphysische und theologische Irrationalität tauglich sein kann.

Daß die Suche nach einem solchen Sinnkriterium in den Bahnen einer empiristischen Grundüberzeugung verlief, kann nicht überraschen, und insofern hat es sich eingebürgert, hier von einem «empiristischen Sinnkriterium» zu sprechen. Es läßt sich zunächst vage als eine Forderung umschreiben, kognitiv sinnvolle Aussagen auf eine Erfahrungsbasis zu beziehen, die ihre sachhaltige Überprüfbarkeit ermöglicht. Der empirische Sinn einer Aussage wird durch den Bezug auf eine Erfahrung sinnlicher Gegebenheiten zu sichern versucht. Nur in ihr kann er jenen verläßlichen Unterbau finden, der vor den Überbau-Irrwegen sinnloser Spekulation und ideologischer Trugbilder schützt. Wie auch immer das Sinnkriterium in der Geschichte des Wiener Kreises und seiner analytischen Nachfolger modifiziert worden ist, so blieb doch stets dieser Hinweis auf tatsächliche Erfahrung und mögliche Erfahrbarkeit wegweisend, der die wissenschaftliche Weltauffassung als eine moderne Bewegung im breiten Traditionsstrom des Empirismus charakterisiert.

Auch hinsichtlich des empiristischen Sinnkriteriums waren es wieder Wittgenstein und Schlick, die zunächst die orientierenden Formulierungen ins Spiel brachten: die Frage nach dem Sinn verweist auf das Problem möglicher Verifikation. Denn sowohl aus Wittgensteins «Tractatus» als auch aus Schlicks *Allgemeiner Erkenntnislehre* läßt sich die folgende erste und ursprünglichste Fassung dieses Kriteriums gewinnen: Die Verifizierbarkeit einer Aussage bildet eine notwendige und hinreichende Bedingung dafür, um sie als empirisch sinnvoll ansehen zu dürfen.

Wittgensteins «Tractatus» wurde von den Wienern als eine erläuternde Klärung des Konzepts «sinnvoller Satz» gelesen. Obwohl diese Lektüre Wittgensteins eigener Intention, das Unsagbare durch eine klare Darstellung des Sagbaren zu bedeuten, nicht folgte, so fand sie doch genügend Anhaltspunkte. Denn Wittgensteins Erläuterung des «Sagbaren» fiel zusammen mit einer sprachkritischen Erhellung sinnvoller (wissenschaftlicher) Sätze, die er streng von den vielen unsinnigen philosophischen Sätzen abgrenzte, mit welchen weder eine wahre noch eine falsche Beschreibung weltlicher Tatsachen möglich ist. Jeder sinnvolle Satz dagegen läßt sich verstehen als ein Bild der Wirklichkeit; er verweist uns auf eine dargestellte Sachlage; er stellt das Bestehen oder Nichtbestehen der Sachverhalte dar; er fixiert die Wirklichkeit auf Ja oder Nein. Mit solchen und ähnlichen Formulierungen hat Wittgenstein den Sinn von Sätzen klarmachen und scharf abgrenzen wollen. Mögliche Verifikation und Wahrheit spielen dabei eine entscheidende Rolle: «Der Satz *zeigt* seinen Sinn. Der Satz *zeigt*, wie es sich verhält, *wenn* er wahr ist. Und er *sagt*, *daß* es sich so verhält.» (4.022) «Einen Satz verstehen, heißt, wissen was der Fall ist, wenn er wahr ist. (Man kann ihn also verstehen, ohne zu wissen, ob er wahr ist.)» (4.024) Man muß zum Beispiel nicht wissen, ob ein sinnvoller Satz wie «Gestern hat es geregnet» wahr ist. Die Bejahung dieses Satzes durch die Tatsache, daß es gestern wirklich geregnet hat, ist für seinen Sinn nicht konstitutiv. Aber wir können ihn dennoch nur verstehen, weil wir ihn sinnvoll auf einen Sachverhalt beziehen können und wissen, unter welchen Umständen wir ihm die Wahrheitswerte «wahr» oder «falsch» zuschreiben würden.

Zur Erläuterung des Wahrheitsbegriffs, der wie ein Komplize den Begriff des Sinns begleitet und stützt, hat Wittgenstein ein einfaches Bild gewählt: «Schwarzer Fleck auf weißem Papier; die Form des Fleckes kann

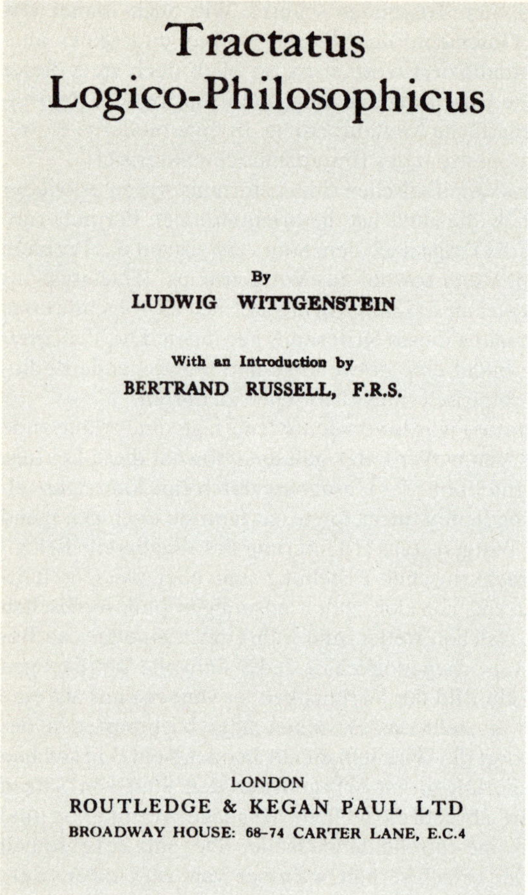
Tractatus Logico-Philosophicus

By

LUDWIG WITTGENSTEIN

With an Introduction by

BERTRAND RUSSELL, F.R.S.

LONDON

ROUTLEDGE & KEGAN PAUL LTD

BROADWAY HOUSE: 68–74 CARTER LANE, E.C.4

Titelblatt der zweisprachigen Erstausgabe des «Tractatus», 1922

man beschreiben, indem man für jeden Punkt der Fläche angibt, ob er weiß oder schwarz ist. Der Tatsache, daß ein Punkt schwarz ist, entspricht eine positive – der, daß ein Punkt weiß (nicht schwarz) ist, eine negative Tatsache. Bezeichne ich einen Punkt der Fläche (einen Frege'schen Wahrheitswert), so entspricht dies der Annahme, die zur Beurteilung aufgestellt wird, etc. etc. Um aber sagen zu können, ein Punkt sei schwarz oder weiß, muß man vorerst wissen, wann man einen Punkt schwarz und wann man ihn weiß nennt; um sagen zu können: ‹p› ist wahr (oder falsch), muß ich bestimmt haben, unter welchen Umständen ich ‹p› wahr nenne, und damit bestimme ich den Sinn des Satzes.» (Tractatus 4.063)

Unbeeinflußt von Wittgenstein hat Schlick im 21. Kapitel seiner *Allgemeinen Erkenntnislehre* den Prozeß der Verifikation erläutert und gelangte dabei zu vergleichbaren Einsichten. Denn auch er verwies darauf, daß wir *sinnvolle Realbehauptungen* verstehen und denken können, ohne ihre Wahrheit tatsächlich bestätigt haben zu müssen. Aber wir antizipieren gleichwohl bei jedem Verständnis eines sinnvollen Urteils «p», daß es einem Verifikationsprozeß unterworfen werden kann, mit dem seine eindeutige Zuordnung zu einer Tatsache der wirklichen Welt überprüft werden kann. Der Sinn von Realbehauptungen verweist auf *bestimmte feststehende Regeln der Bezeichnung*, deren Befolgung methodisch kontrollierbar ist. *Die Wissenschaften haben längst besondere Methoden entwickelt, um die Eindeutigkeit der Bezeichnung von Tatsachen durch Urteile zu kontrollieren; es sind die Methoden der Verifikation. Sie spielen in den Realwissenschaften eine gewaltige Rolle, denn diese Disziplinen bauen sich in der Weise auf, daß sie ihre Urteile zuerst als Hypothesen aufstellen und dann durch Verifikation erproben, ob durch sie eine eindeutige Bezeichnung erreicht wird. Ist dies der Fall, so gilt die Hypothese als ein wahrer Satz.*[199]

Dieses verifikationistische Sinnkriterium war für den Wiener Kreis von entscheidender Bedeutung. Man kann es an Carnaps früher Schrift über *Scheinprobleme in der Philosophie* sehen, mit der er 1928 jeder Metaphysik den Fehdehandschuh zuwarf und *Sachhaltigkeit als Kriterium der sinnvollen Aussagen* favorisierte: *Der Sinn einer Aussage besteht darin, daß sie einen (denkbaren, nicht notwendig auch bestehenden) Sachverhalt zum Ausdruck bringt. Bringt eine (vermeintliche) Aussage keinen (denkbaren) Sachverhalt zum Ausdruck, so hat sie keinen Sinn, ist nur scheinbar eine Aussage. […] Sinnvoll sind die sachhaltigen Aussagen, weil es ja wenigstens denkbar ist, daß sie einmal als wahr oder falsch erkannt werden. Alles jedoch, was jenseits des Sachhaltigen liegt, muß unbedingt als sinnlos angesehen werden.*[200] Eine (scheinbare) Aussage, die grundsätzlich nicht verifiziert oder falsifiziert werden kann, ist deshalb keine Aussage, *sondern ein bloßes Konglomerat sinnloser Striche oder Geräusche*. Von ihnen aber wimmelt es im Gebiet der Philosophie.

Diese Ausrichtung des Sinnkriteriums hinsichtlich kognitiv verstehbarer Aussagen am erfahrungswissenschaftlich kontrollierbaren Prozeß der Verifizierbarkeit gewann in Begegnungen mit Wittgenstein an Profil. Einschlägig ist ein Gespräch, das Wittgenstein am 22. Dezember 1929 mit Schlick und Waismann führte. Mit Nachdruck vertrat er dabei die Überzeugung, daß der Sinn eines Satzes in seiner Verifizierbarkeit begründet ist. «Wenn ich den Sinn des Satzes nie vollständig verifizieren kann, dann kann

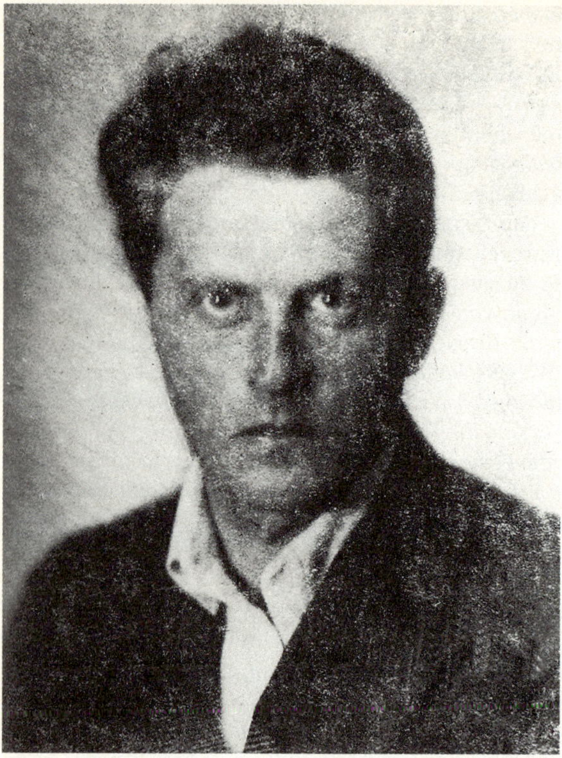
Wittgenstein, 1925

ich mit dem Satz auch nichts gemeint haben. Dann heißt der Satz auch gar nichts. Um den Sinn eines Satzes festzustellen, müßte ich ein ganz bestimmtes Verfahren kennen, wenn der Satz als verifiziert gelten kann.»[201]

In den folgenden Jahren haben sowohl Waismann wie auch Schlick diese Begründung immer wieder neu formuliert und umschrieben. So hat Waismann um 1930 in seinen *Thesen*, mit denen er Wittgensteins Gedanken stichwortartig zu paraphrasieren sich bemühte, festgestellt: *Um sich den Sinn eines Satzes zu vergegenwärtigen, muß man sich das Verfahren klarmachen, das zur Feststellung seiner Wahrheit führt. Kennt man dieses Verfahren nicht, so kann man auch den Satz nicht verstehen. [...] Der Sinn eines Satzes ist die Art seiner Verifikation. [...] Eine Aussage hat Sinn, heißt: Sie kann verifiziert werden. Ein Satz, der sich auf keine Weise verifizieren läßt, hat keinen Sinn. Unlösbare Fragen gibt es nicht.*[202]

Auch in mehreren Schriften, mit denen Schlick in den dreißiger Jahren sich als gelehriger Schüler seines Meisters vorstellte, wurde immer wieder in das gleiche Horn gestoßen. Für jedes sinnvolle, das heißt auch lösbare Problem läßt sich stets ein Weg angeben, der zu seiner Auflösung führt und schließlich im *Akt der Verifikation* endet, heißt es in *Die Wende der Philosophie* von 1930/31. – Zwei Jahre später kann man dann lesen: *Vermag ich einen Satz prinzipiell nicht zu verifizieren, d. h. weiß ich absolut nicht, wie ich es anstellen soll, was ich tun müßte, um seine Wahrheit oder Falschheit zu ermitteln, dann weiß ich offenbar gar nicht, was der Satz eigentlich behauptet. [...] Die Angabe der Umstände, unter denen ein Satz wahr ist, ist dasselbe wie die Angabe seines Sinnes, und nichts anderes.* Das hat nichts mit der tatsächlichen Verifikation zu tun, die durch konkrete Umstände, unter denen man sich befindet, verhindert sein kann. So ist etwa die Aussage «auf der Rückseite des Mondes gibt es 3000 m hohe Berge» *ohne jeden Zweifel absolut sinnvoll, obgleich uns die technischen Mittel zu ihrer Verifikation fehlen.*[203] Es kommt allein auf ihre logisch mögliche Verifizierbarkeit an, wie immer es auch um deren tatsächliche Ausführung bestellt sein mag.

Noch in *Bedeutung und Verifikation* aus seinem Todesjahr 1936 hat Schlick diese Überzeugung ein letztes Mal ausgesprochen: *Die Bedeutung eines Satzes feststellen heißt, die Regeln feststellen, gemäß derer der Satz gebraucht werden soll, und dies ist dasselbe, wie die Art und Weise festzustellen, auf die er verifiziert (oder falsifiziert) werden kann. Die Bedeutung einer Aussage ist die Methode ihrer Verifikation.*[204] Und wieder hat Schlick damit zugleich auch das «Ignorabimus» der metaphysischen Tradition zurückgewiesen, das allenfalls ein hoffnungsloses oder skeptisches Gefühl ausdrückt, aber keine echten Fragen stellen läßt. Denn echt ist jede Frage, auf die eine verifizierende oder falsifizierende Antwort prinzipiell möglich ist. *Dies ist eines der charakteristischsten Ergebnisse unseres Empirismus. Es bedeutet, daß unserer Erkenntnis prinzipiell keine Grenzen gesetzt sind. Die Grenzen, die anerkannt werden müssen, sind empirischer Natur und daher niemals endgültig; sie lassen sich immer weiter hinausschieben; die Welt hat kein ursprüngliches Geheimnis. – Die Trennlinie zwischen logischer Möglichkeit und Unmöglichkeit ist absolut scharf und klar; es gibt keinen graduellen Übergang zwischen Bedeutung und Unsinn. Denn entweder konnte man die grammatischen Regeln für die Verifikation angeben oder nicht; tertium non datur.*[205]

Auf die Schwierigkeiten, denen sich das verifikationistische Sinnkriterium bald konfrontiert sah (zum Beispiel hinsichtlich allgemeiner Gesetzesaussagen, die als solche niemals endgültig zu verifizieren sind, sich zumindest einem «Akt der Verifikation» entziehen), will ich hier nicht eingehen. Sie führten zu Modifikationen und Liberalisierungen, in denen die anfängliche Strenge des Kriteriums schrittweise aufgehoben wurde.

Carnap, 1959

Poppers «Falsifikationskriterium», das er allerdings nicht mehr als Sinn-, sondern nur noch als «Abgrenzungskriterium»[206] empirischer Wissenschaft verstand, spielt in dieser Geschichte eine wichtige Rolle, auch Carnaps spätere Anstrengung, Kriterien der *unvollständigen Bestätigbarkeit* oder der *Übersetzbarkeit in eine empiristische Sprache* zu formulieren.[207]

Mit der Forderung nach prinzipieller Verifizierbarkeit war die Suche nach einem empiristischen Sinnkriterium nicht beendet. Aber festzuhalten bleibt, daß der Wiener Kreis mit seiner konsequenten und scharfen Trennung zwischen sinnvollen Aussagen und unsinnigen Wortverbindungen, die sich einer sachhaltigen Überprüfung anhand weltlicher Tatsachen prinzipiell entziehen, einen Anspruch auf Verständlichkeit erhoben hat, dem sich jeder Philosoph zu stellen hat, was immer er auch sagen möchte. *Der Empirist sagt dem Metaphysiker nicht: «Deine Worte behaupten etwas Falsches», sondern «Deine Worte behaupten überhaupt nichts!» Er widerspricht ihm nicht, sondern sagt: «Ich verstehe dich nicht.»*[208]

Eine wesentliche Leistung des Wiener Kreises bleibt seine Besinnung auf die sprachlichen Mittel, mit denen etwas gesagt werden kann, das jeder verstehen können soll. Keine andere Strömung in der großen Tradition der abendländischen Philosophie hat ein vergleichbares sprachkritisches Reflexionsniveau erreicht. Bescheiden in seiner philosophischen Erkenntnisintention, hat der Wiener Kreis wie David den Goliath Metaphysik zum Kampf herausgefordert. Er hat ihn zwar nicht besiegen können. Aber er hat ihn zumindest dazu provoziert, Nachweise für die Lösbarkeit philosophischer Probleme zu liefern und dabei so zu sprechen, wie man über alle Fragen sprechen sollte, die man beantworten möchte: verständlich und klar.

Das Basisproblem

Jeder Versuch, ein empiristisches Sinnkriterium zu formulieren, stößt auf das Problem der Erfahrungsbasis. Die Verquickung der Sinnfrage mit einem geforderten Bezug auf mögliche Erfahrung zwingt dazu, über diese Basis Rechenschaft ablegen zu müssen. Dabei ist es gleichgültig, ob man es auf dieser Grundlage mit verifizierenden, falsifizierenden oder nur indirekt bestätigenden Aussagen zu tun hat. Denn immer handelt es sich darum, den kognitiven Sinn von Aussagen empirisch zu verankern oder zu legitimieren. Nur so lassen sie sich von unsinnigen Spekulationen und sinnlosen Trugbildern unterscheiden oder abgrenzen, die sich dem Anspruch empirischer Sachhaltigkeit entziehen.

Im Unterschied zum älteren Positivismus, der bei seiner Suche nach einer faktischen Basis der Erkenntnis auf unmittelbar sinnlich Evidentes als das positiv Gegebene zurückstieß, seien es nun die «Sinneseindrücke» des Sensualismus oder die Machschen «Elemente», ist für den logischen Empirismus die Wende zur Sprache charakteristisch. Das Basisproblem wird auf der Schwelle der Sprachlichkeit zu lösen versucht. Empirische Hypothesen und kognitiv-sinnvolle Theorien werden durch Aussagen verifiziert, falsifiziert oder bestätigt, in denen Ergebnisse von Beobachtungen und Experimenten festgehalten werden. Der Wiener Kreis konzentriert sich auf jene Sätze, welche der Erfahrung eine Gestalt gegeben haben, die sie logisch kommensurabel und intersubjektiv mitteilbar macht. Das «Gegebene» tritt in sprachlichem Gewand auf, in der sagbaren Form von «Wahrnehmungsprotokollen», «Beobachtungssätzen», «Protokollsätzen» oder «Basissätzen», in denen immer auch etwas von Russells «Atomsätzen» («atomic propositions») und Wittgensteins «Elementarsätzen» nachklingt: «Der einfachste Satz, der Elementarsatz, behauptet das Bestehen eines Sachverhaltes.» (Tractatus, 4.21)

Um welche Sätze handelt es sich da? Was qualifiziert sie dazu, Basisfunktionen für einen empirisch sinnvollen Sprachgebrauch zu übernehmen? Über diese Fragen entbrannte innerhalb des Wiener Kreises eine heiße Debatte. Die Ansichten gingen weit auseinander. Aber diese «Protokollsatzdebatte» ist zugleich ein eindrucksvolles Beispiel für ein gemeinsames Philosophieren, in dem Argumente vorgetragen, kritisch geprüft und oft auch verworfen wurden, wenn sie den Einwänden der Diskussionspartner nicht standhielten.

Die Auseinandersetzung verlief in mehreren Etappen. Ihre Hauptakteure waren zunächst, Anfang der dreißiger Jahre, Carnap und Neurath; 1934 griffen dann auch Schlick und Popper ein. Einen Sieger gab es nicht. Der Wiener Kreis blieb hinsichtlich dieser zentralen Frage, die im Brennpunkt seines empiristischen Programms stand, gespalten. Aber trotz seiner einschneidenden Differenzen war er vereint in der Strenge und Konsequenz, mit der er sich der Aufgabe verschrieben hat, zu einer Lösung des Basisproblems gelangen zu wollen.

Für Carnap bestand 1928, in seinem ersten großen Buch *Der logische Aufbau der Welt*, das Hauptproblem im Nachweis der *Möglichkeit der rationalen Nachkonstruktion von Begriffen aller Erkenntnisgebiete auf der Grundlage von Begriffen, die sich auf das unmittelbar Gegebene beziehen*[209]. Da nur das Selbsterlebte, nicht aber ein fremdes Erlebnis, als «unmittelbar gegeben» angesehen werden kann, wählte Carnap eine Basis im Eigenpsychischen. Er wollte damit zwar nicht die inhaltlich-metaphysische These des Solipsismus anerkennen, *als sei nur ein Subjekt und seine Erlebnisse wirklich, die anderen Subjekte dagegen nicht-wirklich*[210]. Aber er ordnete dennoch seine Wahl der eigenpsychischen Basis in diese Tradition ein, auch wenn er sie durch eine Wendung zum *methodischen Solipsismus* zu entschärfen suchte. Methodische Überlegungen ließen ihn jene einfachen Grundbegriffe wählen, in denen Struktureigenschaften von individuellen Erlebnisströmen festgehalten werden, auf deren Basis dann die höheren Begriffsstufen der physischen, fremdpsychischen und geistigen Gegenstände «konstituiert» werden können.

Gegen diesen Solipsismus der eigenpsychischen Basis und seine monologisierende (phänomenale) Sprache hat Neurath vehement opponiert. Wenn nicht grundsätzlich die Möglichkeit besteht, eigenpsychische Aussagen an raum-zeitlichen Bestimmungen zu überprüfen, dann hat der einzelne keine Kontrollinstanz, an der er die Konsistenz und Verläßlichkeit seines Sprachgebrauchs überprüfen kann. Wenn aber solche Kontrollinstanzen bestehen, dann muß die Basis von vornherein intersubjektiv sein. Neurath plädierte deshalb für eine physikalische Basissprache, in der von raum-zeitlichen Gegenständen, Ereignissen und Prozessen die Rede ist. In einer Reihe von Aufsätzen brachte er um 1931 seine Ansicht

Carnap mit seiner Frau Ina und Eva Hempel in Holland

zum Ausdruck, daß anstelle von Carnaps solipsistisch-phänomenaler Sprache *vielmehr nur eine Sprache von vorneherein in Frage kommt, nämlich die physikalische*[211]. Nur sie erfüllt die Forderung intersubjektiver Kontrollierbarkeit und Mitteilbarkeit. Denn allein ihre räumlich-zeitliche Terminologie ermöglicht es, in den Behauptungen über Zustände der physischen Welt jene Übereinstimmung zwischen verschiedenen Personen zu erzielen, die durch einen Rekurs auf subjektive Erlebnisse nicht garantiert werden kann. Auch Carnap hat sich durch Neuraths Einwände beeindrucken lassen. Er konvertierte zum Physikalismus. *Zusammen mit Otto Neurath habe ich die Möglichkeit eines Gesamtsystems der Begriffe auf physischer Basis in den Diskussionen des Wiener Kreises entwickelt. Dieser «Physikalismus» ist in seiner ersten, ziemlich rohen Form in mehreren Aufsätzen von Neurath und mir in Band 2 bis 4 der «Erkenntnis» (1931–1934) dargestellt worden.*[212] (Hier intervenierte Wittgenstein empört, der beanspruchte, das Konzept des «Physikalismus» bereits im «Tractatus» eingeführt und reflektiert zu haben. Er hätte ja noch toleriert, daß Carnap als Lausbub ihm diesen schönen Apfel aus seinem Garten gestohlen hat. Aber mit einem Menschen wollte er nichts mehr zu tun haben, der sich weigerte, diesen Diebstahl zuzugeben.)

1932 erschien Carnaps Aufsatz *Die physikalische Sprache als Universalsprache der Wissenschaft* und inaugurierte die öffentliche Protokollsatzdebatte im Wiener Kreis. *Die Wissenschaft ist ein System von Sätzen, das an Hand der Erfahrung aufgestellt wird. [...] Die Nachprüfung geschieht an Hand der «Protokollsätze». Hierunter sind die Sätze verstanden, die das ursprüngliche Protokoll etwa eines Physikers oder Psychologen enthält.*[213] Ein solch ursprüngliches Protokoll könnte beispielsweise so lauten: *«Versuchsanordnung: an den und den Stellen sind Körper von der und der Beschaffenheit; jetzt hier Zeiger auf 5, zugleich dort Funke und Knall, dann Ozongeruch.»* Dabei ging Carnap davon aus, daß solche Protokollsätze selbst keiner Bewährung bedürfen. Sie beziehen sich auf die einfachsten erkennbaren Sachverhalte und dienen als sichere Grundlage für alle übrigen Sätze der Wissenschaft. Ihre physikalische Formulierung garantiert zudem eine fundamentale intersubjektive Übereinstimmung, die grundsätzlich immer möglich ist, auch wenn ihr praktische Schwierigkeiten im Wege stehen sollten (Unvollkommenheiten der technischen Hilfsmittel, Mangel an Zeit, ungenaue oder verkürzte Protokollierung und dergleichen).

Auf den ersten Blick schien Carnaps physikalistische Kehre Neuraths Intention entgegenzukommen. Dennoch erhob Neurath sofort Einspruch. Zwar begrüßte er Carnaps Abkehr vom «methodischen Solipsismus» einer nicht-physikalischen Erlebnis-Sprache; aber er widersprach nachdrücklich Carnaps Glauben, in den «ursprünglichen Protokollsätzen» eine endgültig gesicherte, saubere, verläßliche und präzise Basis gefunden zu haben. Angesichts der Dynamik des wissenschaftlichen Sprachgebrauchs, der auch die Protokollsätze sich nicht entziehen können (man denke nur an Worte wie «Funke», «Knall» und «Ozongeruch»), erweist sich die Annahme eines sicheren Sprachfundaments als «metaphysische Fiktion». Jeder Satz kann im Wandlungsprozeß der Wissenschaften eine Abänderung erhalten. Auch jeder Protokollsatz. Zwar ist es sinnvoll, wissenschaftliche Sätze in Protokollsätze und Nichtprotokollsätze zu trennen. Und es ist auch wünschenswert, sie in einen möglichst widerspruchslosen, kohärenten Zusammenhang zu bringen. Aber die Protokollsätze teilen dennoch das Schicksal aller Realsätze: Sie können verändert oder gestrichen werden. *Für uns kommt ebenso die Streichung von Protokollsätzen in Frage. Ein Satz wird mit dadurch definiert, daß er der Bewährung bedarf, also auch gestrichen werden kann.*[214] Für Neurath gab es für keinen Satz ein «Noli me tangere». Das folgte für ihn allein schon daraus, daß in jedem Protokollsatz ein Personenname vorkommt, der den Protokollierenden als ein reales Individuum einführt, dessen Äußerungen ebenso in Frage gestellt werden können wie alle Aussagen überhaupt. Nichts garantiert, daß zum Beispiel ein Neurath-Protokollsatz wie

«Ottos Protokoll um 3 Uhr 17 Minuten: (Ottos Sprechdenken war um 3 Uhr 16 Minuten: (Im Zimmer war um 3 Uhr 15 Minuten ein von Otto wahrgenommener Tisch))» ursprünglich ist und keiner Bewährung bedarf. Auch angesichts noch so gut bestätigter Protokollsätze verbietet sich jeder «Absolutismus». *Es gibt kein Mittel, um endgültig gesicherte saubere Protokollsätze zum Ausgangspunkt der Wissenschaften zu machen. Es gibt keine tabula rasa. Wie Schiffer sind wir, die ihr Schiff auf offener See umbauen müssen, ohne es jemals in einem Dock zerlegen und aus besten Bestandteilen neu errichten zu können.*[215]

Darauf hat Carnap in seinem Aufsatz *Über Protokollsätze* umgehend geantwortet und diese Frage als *das Kernproblem der Wissenschaftslogik (Erkenntnistheorie)* herausgestellt: *In ihr stecken auch die Fragen, die man unter den Schlagworten «empirische Begründung», «Nachprüfung» oder «Verifikation» zu behandeln pflegt.*[216] Zu ihrer Beantwortung hat er dabei auf die Möglichkeit eines Verfahrens hingewiesen, das ihm Popper in Gesprächen entwickelt hatte: Bei der Überprüfung einer allgemeinen Gesetzesaussage geht man reduktionistisch so weit zurück, bis man zu singulären Es-gibt-Sätzen (über eine bestimmte Raum-Zeit-Stelle) gelangt, *die man im gerade vorliegenden Fall anerkennen will. Dabei ist es Sache des Entschlusses, welche Sätze man jeweils als derartige Endpunkte der Zurückführung, also als Protokollsätze verwenden will.*[217] Dieser Beschluß, mit der Reduktion zum Zweck der Nachprüfung irgendwo haltzumachen, schließt eine erneute Überprüfung nicht aus. Insofern gibt es *keine absoluten Anfangssätze für den Aufbau der Wissenschaft;* dennoch gibt es fundamentale Basissätze, bei denen wir uns befriedigt erklären, die wir als hinreichend geprüft und empirisch gesichert anerkennen.

Im 5. Kapitel seiner «Logik der Forschung» hat Popper 1934 für diese dezisionistische Lösung des Basisproblems dann die ausführliche Begründung nachgeliefert. «Die Basissätze werden durch Beschluß, durch Konvention anerkannt, sie sind Festsetzungen. Die Beschlußfassung ist geregelt; vor allem dadurch, daß wir nicht einzelne Basissätze, voneinander logisch isoliert, anerkennen, sondern daß wir eine Theorie überprüfen und bei dieser Gelegenheit systematische Fragen aufwerfen, die wir dann durch Anerkennung von Basissätzen beantworten.»[218]

In dieser Situation greift auch Schlick in die Debatte ein. *Sorglos auf einem Balkon sitzend, der auf die blaue Bucht von Salerno hinausschaut*[219], schreibt er im Frühjahr 1934 seinen kleinen Aufsatz *Über das Fundament der Erkenntnis.* Er, der von der prinzipiellen Möglichkeit der Verifikation sinnvoller Sätze überzeugt ist, kann sich nicht mit dem eigentümlichen Relativismus und Dezisionismus einverstanden erklären, zu dem die Protokollsatzdiskussion im Wiener Kreis geführt hat. Neuraths Dynamismus, der jeden festen Boden des wissenschaftlichen Sprachgebrauchs verschwimmen läßt und nur in der kohärenten Übereinstimmung vorläufig akzeptierter Sätze eine stets fragwürdige Sicherheit findet, ist ihm gleichermaßen verdächtig wie die zweckmäßige Beschlußfassung, in die sich Carnap und Popper flüchteten. Es muß doch etwas geben, das als verläßliches, unbezweifelbares und unerschütterliches Fundament der Erkenntnis taugt und als Kriterium der Wahrheit akzeptiert werden kann! Man kann doch nicht ernsthaft die unerschütterlichen Berührungspunkte von Erkenntnis und Wirklichkeit in Frage stellen; denn damit wäre doch zugleich die zentrale Intention des Empirismus und seines verifikationistischen Sinnkriteriums über Bord geworfen! Auf der Suche nach einem sicheren Grund stößt Schlick schließlich auf *seine eigenen Beobachtungssätze*[220], deren Halt er sich von niemandem rauben lassen will. Es sind seine *Konstatierungen*: reine Aussagen über gegenwärtig Wahrgenommenes von der Form «Hier jetzt so und so», die keine Hypothesen sind, sondern absolut gewiß und von unangreifbarer Dignität. (Es handelt sich dabei um eigenartige Zwitterwesen zwischen Sprachlichkeit und Vorsprachlichkeit. Denn einerseits spricht Schlick von konstatierenden *Beobachtungsaussagen*, denen Wahrheit und Gewißheit zugeschrieben wird; andererseits aber handelt es sich um psychologische Vorkommnisse, die nicht als Sätze formuliert werden können, ohne dadurch an gewünschter Evidenz zu verlieren.)

Jedoch gesteht Schlick zu, daß es sinnlos ist, solche konstatierenden Beobachtungssätze an den Beginn des Erkenntnisprozesses zu stellen. Die sinnliche Gewißheit der Konstatierungen ist kein unvermittelt Erstes. Nur nachträglich kann sie ihre fundamentale Relevanz beanspruchen. Denn die Funktion der Konstatierungen besteht in der Rolle, die sie im Akt der Verifikation vorgängig bereits gemachter Behauptungen spielen. *Man kann auf den Konstatierungen kein logisch haltbares Gebäude errichten, weil sie schon fort sind in dem Moment, in dem man zu bauen anfängt. Wenn sie zeitlich am Anfang des Erkenntnisprozesses stehen, sind sie logisch zu nichts nutze. Ganz anders, wenn sie am Ende stehen: sie sind die Vollendung der Verifikation (oder Falsifikation), und in dem Augenblick ihres Auftretens haben sie ihre Pflicht auch schon erfüllt. Logisch schließt sich nichts mehr an sie an, es werden keine Schlüsse aus ihnen gezogen, sie sind ein absolutes Ende.*[221] Ein Wissenschaftler formuliert eine empirisch-hypothetische Aussage oder errichtet ein theoretisches Gebäude. Um sie empirisch zu sichern, macht er eine singuläre Voraussage. Nur so können seine Aussagen sinnvoll sein. Das letzte Fundament des Wissens findet er dabei in jenem flüchtigen Augenblick, in dem er konstatiert: Ja, so ist es tatsächlich. *Mit dem Eintreffen der Voraussagen ist der wissenschaftliche Zweck erreicht: die Erkenntnisfreude ist die Freude an der Verifikation, das Hochgefühl, richtig geraten zu haben. Und die-*

ses ist es nun, das die Beobachtungssätze uns vermitteln, in ihnen erreicht die Wissenschaft gleichsam ihr Ziel, um ihretwegen ist sie da. [...] Sie liegen keineswegs am Grunde der Wissenschaft, sondern die Erkenntnis züngelt gleichsam zu ihnen auf, jeden nur in einem Augenblick erreichend und ihn sogleich verzehrend. Und neu genährt und gestärkt flammt sie dann zum nächsten empor. Diese Augenblicke der Erfüllung und des Verbrennens sind das Wesentliche. Und dies Licht ist es eigentlich, nach dessen Ursprung der Philosoph fragt, wenn er das Fundament des Wissens sucht.[222]

Und wieder war es der Ketzerriecher Neurath, der sich mit alldem nicht zufriedengeben konnte, weder mit Carnaps und Poppers Auszeichnung bestimmter Basissätze, bei denen man aufgrund einer systematisch geregelten Beschlußfassung stehenbleiben kann, noch mit Schlicks Glücksgefühl im Falle echter Konstatierungen, die dem Erkenntnissubjekt im flüchtigen Moment der Verifikation als endgültig, unbezweifelbar und unkorrigierbar erscheinen. Noch immer sah er die Wege der wissenschaftlichen Weltauffassung gepflastert mit Restbeständen der metaphysischen Tradition, die auch die Mitglieder des Wiener Kreises immer wieder stolpern ließen.

1934, in diesem Schicksalsjahr, in dem der Verein Ernst Mach aufgelöst und Neurath zur Emigration gezwungen wurde, erschien seine Kritik an Schlicks Fundamentalismus, getragen vom ironisch gebrochenen Vertrauen auf eine gemeinsame Überwindung der Metaphysik. *Ein Vertreter des Wiener Kreises meinte gelegentlich, jeder von uns sei besser geeignet, metaphysische Reste beim Nachbarn als bei sich zu bemerken. Hat er recht, dann erweitern wir das gemeinsame Gebiet des logisierenden Empirismus, wenn wir einander helfen, solche Reste zu überwinden.*[223]

Gegen Schlick brachte Neurath dabei vier Einwände vor, mit denen er zugleich den *radikalen Physikalismus* in seiner anti-metaphysischen Wirksamkeit profilieren wollte: 1. es gibt für das wissenschaftliche Sprechen keine absolute Gewißheit, da alle Realsätze, auch die Protokollsätze, grundsätzlich geändert oder gestrichen werden können; 2. es gibt kein eindeutiges Kriterium der Wahrheit oder Verifikation, sondern nur ein komplexes, unüberschaubares und unabschließbares Zusammenspiel zwischen immer wieder renovierbaren Wissensgebäuden und einzelnen Protokollsätzen, die wir zu ihrer Stützung hinzuziehen können; 3. nicht irgendein undurchführbarer Vergleich zwischen sprachlichen Aussagen und «wirklicher Welt» oder irgendwelchen «Erlebnissen» charakterisiert den Empirismus, sondern sein Bestreben, die Sätze der Wissenschaft in kohärente Übereinstimmung zu bringen mit möglichst vielen Protokollaussagen, wobei es im Falle einer Nichtübereinstimmung einen Entscheidungsspielraum dafür gibt, was wir verändern oder streichen wollen, Teile des theoretischen Sprachsystems oder bestimmte Protokollaussagen; 4. Schlicks *Konstatierungen* sind metaphysische Elemente, die aus dem Wissenschaftsbetrieb weggeräumt werden müssen. *Wenn Schlick fast im Sinne des west-östlichen Diwans das «Verbrennen» und «Erkennen» wie ein «Stirb und werde» preist [...], so möchte ich ganz schlicht erklären: Mag man solche Lyrik schätzen, aber wer – übrigens in Übereinstimmung mit vielen anderen Ausführungen Schlicks – im Dienste der Wissenschaft radikalen Physikalismus vertritt, wird keinen Anspruch darauf erheben, in diesem Sinne ein Philosoph zu sein.*[224]

Ein Jahr später führte Neurath auch gegen Popper ähnlich starke Geschütze ins Feld. 1935 griff er den *Pseudorationalismus der Falsifikation* als einen unhaltbaren Versuch an, ein ideales Theoriensystem aus logisch-deduktiv zusammenhängenden Sätzen aufzubauen, in dem der alte philosophische Absolutismus weiterlebt, unaufmerksam gegenüber den tatsächlichen Eigentümlichkeiten der wissenschaftlichen Praxis. *Wir gehen von Satzmassen aus, die nur teilweise systematisch zusammenhängen, die wir auch nur teilweise überschauen. [...] Wir sehen die der empirischen Forschung nicht angepaßte Haltung von Poppers Buch als eine Konsequenz davon an, daß er sich für das S y s t e m als Paradigma entschieden hat, das aus sauberen Sätzen aufgebaut ist. [...] Historisch ist diese pseudorationalistische Tendenz Poppers als eine Art metaphysischer Restbestand aus der Entwicklung der «Philosophie» aufzufassen, denn aus der Analyse metaphysikfrei betriebener Realwissenschaften kann diese Anschauungsweise nicht entnommen werden.*[225] Auch die endgültige Falsifikation eines Theoriensystems anhand eines allgemein anerkannten Basissatzes ist nur eine abstrakte Fiktion, *während wir bei unserer Einstellung zuweilen zwischen der Entscheidung schwanken, ob wir etwas als schwere Erschütterung ansehen oder zunächst als Forscher zur Tagesordnung übergehen sollen*[226], ohne uns dabei wegen irgendeines falsifizierenden Basissatzes allzusehr beunruhigen zu müssen.

Mit diesem wissenschaftspragmatischen «Neurath-Prinzip» soll hier die Vorführung einiger philosophischer Grundüberzeugungen und Streitfälle des Wiener Kreises ein Ende finden. Zahlreiche Themen kamen dabei nicht zur Sprache: Fragen der mathematischen Grundlagenforschung, der induktiven Wahrscheinlichkeitstheorie, der logischen Syntax und Semantik, der physikalistischen Einheitswissenschaft, des strukturellen Aufbaus naturwissenschaftlicher Theorien, auch nicht jene *Fragen der Ethik*[227] und Ästhetik, die für den logischen Empirismus weniger eine kognitive, wissenschaftliche Herausforderung darstellten, sondern vielmehr auf Probleme eines guten und schönen Lebens verwiesen, die den einzelnen Menschen zu praktischen Stellungnahmen und Handlungen provozieren, *außerhalb des theoretischen Gebietes der Wissenschaft.*

Carnap, 1962

Die Konzentration auf die beiden fundamentalen Fragen nach dem kognitiven Sinn von Sätzen und ihrer Verankerung in der Erfahrung, die sich im Wiener Kreis mit seinem Interesse an der Enträtselung menschlichen Wissens und weltlicher Gegebenheiten verknüpften, sollte den aufklärerischen Grundimpuls dieses Kreises vor Augen führen. Sie sollte exemplarisch auch zeigen, daß es sich hier keineswegs um eine einheitliche Bewegung handelte, die durch dogmatische Behauptungen zusammengehalten wurde. Selbst hinsichtlich grundlegender Probleme gab es differente Lösungsvorschläge. Besonders die Protokollsatzdebatte läßt erkennen, daß es nicht zuletzt widerstreitende Temperamente waren, die hier zusammenstießen. Während Schlick als Philosoph auf der Suche nach der Wahrheit und ihrem letzten, tiefsten Grund war, den er schließlich in seinen *Konstatierungen* gefunden zu haben glaubte, konzentrierten sich die Systematiker Carnap und Popper auf den logischen Aufbau wissenschaftlicher Theoriegebäude, den sie so klar und durchsichtig wie möglich zu rekonstruieren suchten. Neurath dagegen blieb auch in dieser Auseinandersetzung, was er immer war: ein dynamischer Denker, der gegen jeden philosophischen Absolutismus kämpfte und weder im Leben noch in der wissenschaftlichen Forschung einen festen Ruhepunkt zu suchen oder anzuerkennen bereit war. Aber über all diesen Differenzen kann die verbindende Intention aller Mitglieder des Wiener Kreises nicht übersehen werden: den philosophischen und politischen Gegnern der Aufklärung Widerstand zu leisten mit einer «rationalen» Gesinnung, in der sprachkritische Sinnklärung und erfahrungsorientierte Wissenschaftlichkeit ein logisch-empiristisches Bündnis eingingen. *Der Glaube, daß dieser Gesinnung die Zukunft gehört, trägt unsere Arbeit.*

Wien, Mai 1928, Rudolf Carnap.

Postskriptum

Die ganze Sache wird in einer Weise vorangehen, die wir heutzutage nicht einmal erahnen können. Das ist unser Schicksal.[228]

Die vorliegende Monographie handelte von der Blütezeit der wissenschaftlichen Weltauffassung, die mit dem Aufkommen des Faschismus zu Ende ging. Die Personen, die Politik und die Philosophie des Wiener Kreises wurden vorgestellt. Weder ein kritisches Fazit seiner Perspektiven wurde gezogen, noch die Weiterführung seiner Intentionen nacherzählt. Die gewaltsame Vertreibung der aufklärerischen Vernunft aus Mitteleuropa bedeutete ja nicht ihre endgültige Vernichtung. Sie ließ sie einmünden in den sprachanalytischen und wissenschaftstheoretischen Diskurs, der heute zu den Hauptströmungen der Gegenwartsphilosophie gezählt werden kann und auch in den deutschsprachigen Ländern seine Sprecher fand, allen voran Wolfgang Stegmüller. Daß die anfängliche Radikalität des Wiener Kreises in diesem transformatorischen Prozeß entschärft wurde und an politischer Kraft und Bedeutung verlor, kann nicht übersehen werden. In seiner Scheu vor «dogmatischen» Fixierungen verdünnte das analytische Philosophieren die «wissenschaftliche Weltauffassung» zu einer scholastisierenden Dauerdiskussion von logischer Akribie und Finesse, in der das große Ziel des Wiener Kreises zunehmend aus den Augen verloren wurde: *Es gilt, Denkwerkzeuge für den Alltag zu formen, für den Alltag der Gelehrten, aber auch für den Alltag aller, die an der bewußten Lebensgestaltung irgend wie mitarbeiten. Die Lebensintensität, die in den Bemühungen um eine rationale Umgestaltung der Gesellschafts- und Wirtschaftsordnung sichtbar ist, durchströmt auch die Bewegung der wissenschaftlichen Weltauffassung.*[229]

Es brauchte lange Zeit, bis die kulturgeschichtliche und gesellschaftspolitische Relevanz des Wiener Kreises wieder unvoreingenommen zur

Wolfgang Stegmüller doziert über die Dogmen des Empirismus, 1983

Kenntnis genommen wurde. An dieser Verzögerung waren auch die kritischen Denker nicht ganz unschuldig, die in den sechziger und siebziger Jahren «den Positivismus» als szientistische Ideologie der verwalteten Welt entlarven wollten und ihm Mangel an reflexiver Potenz vorwarfen. Dialektische und transzendentale Reflexion gegen positivistisch halbierte Rationalität! Oft lesen sich die Angriffe wie eine nachträgliche Rache Kants und der deutschen Idealisten an ihren empiristischen Widersachern: die wissenschaftliche Philosophie des logischen Empirismus unterwerfe sich naiv den Regeln praktizierter Wissenschaft, ohne sie erkenntnistheoretisch zu reflektieren; sie stelle nicht die entscheidenden Fragen nach den Geltungsgründen und den «Bedingungen der Möglichkeit» von Erkenntnis; sie gehe der Frage nach den transzendentalen Leistungen des erkennenden Subjekts aus dem Weg; sie beziehe die gesetzmäßigen Beziehungen empirischer Phänomene auf kein transzendentales Prinzip mehr, auf keinen «Ursprung» ihrer objektiven Gültigkeit; usw. Jürgen Habermas, Albrecht Wellmer und Herbert Schnädelbach haben die philosophische Auseinandersetzung mit dem modernen Empirismus auf eine Bahn gelenkt, auf der vom Wiener Kreis als politische Bewegung nichts mehr zu sehen war. Über Neuraths Beitrag wurde weitgehend geschwiegen.

Erst seit Ende der siebziger Jahre hat sich die Perspektive langsam verschoben. Es erschienen umfangreiche Studien zur Theorie und politischen Praxis einzelner Vertreter der wissenschaftlichen Weltauffassung, die den globalen Vorwurf, es hier nur mit einer rein instrumentellen Vernunft zu tun zu haben, korrigierten oder zurückwiesen. Auch die Forschungsarbeit und publikatorische Tätigkeit am Wiener Kreis-Archiv in Amsterdam hat dazu beigetragen, das aufklärerische Engagement des Wiener Kreises zur Geltung zu bringen. Die Bielefelder Tagung im Frühjahr 1982 über die Geschichte des Wiener Kreises[230] hat neue Maßstäbe gesetzt, ebenso das Internationale philosophische Symposion[231] aus Anlaß der hundertsten Wiederkehr der Geburtstage von Schlick und Neurath, Juni 1982 in Wien. Texte des Wiener Kreises werden in Schriftenreihen[232] und Gesammelten Werken publiziert und einer interessierten Öffentlichkeit zugänglich gemacht. Die Wege der wissenschaftlichen Weltauffassung sind wieder begehbar gemacht worden.

Die Stimmen der Wiener Kreis-Mitglieder haben an Gewicht und Geltung gewonnen. Neuraths dynamischer oder «holistischer» Physikalismus, der jahrzehntelang in völlige Vergessenheit geraten war, ist für die aktuelle wissenschaftstheoretische Diskussion relevant geworden. «Zurück zu Schlick»[233] ist mehr als nur der Titel eines Buches, in dem eine Neubewertung von Werk und Wirkung dieses großen, lange Zeit fast unbekannten Philosophen unternommen wurde. Auch in ihrem Heimatland findet die vertriebene Vernunft wieder Unterstützung, organisiert vor allem im «Institut ‹Wiener Kreis› – Verein zur Förderung wissenschaftlicher Weltauffassung».[234] Ob jedoch der Glaube der Wiener Kreis-Mitglieder, ihrer Gesinnung gehöre die Zukunft, seine Erfüllung finden wird, steht noch immer in den Sternen.

Neuraths Elefant

Anmerkungen

1 R. Carnap, H. Hahn, O. Neurath: Wissenschaftliche Weltauffassung – Der Wiener Kreis (1929), S. 30
2 J. Passmore: Logical Positivism (1967), S. 56
3 M. Siegert: Mit dem Browning philosophiert (1981), S. 19
4 T. Cless-Bernert: Der Mord an Moritz Schlick (1982), S. 229
5 Anklageschrift im Prozeß gegen J. Nelböck. Gerichtsakte Vr 5867/36 (Dokumentationsarchiv des österreichischen Widerstands, Wien)
6 J. Nelböck, zit. in: M. Siegert: Mit dem Browning philosophiert, a. a. O., S. 19
7 Gerichtsakte Vr. 5867/36
8 Schönere Zukunft Nr. 41, 12. 7. 1936, S. 1079f.
9 Linzer Volksblatt, 10. 7. 1936
10 M. Schlick: Moritz Schlick (1950), S. 463
11 M. Schlick: Fragen der Ethik (1984), S. 195
12 V. Kraft: Moritz Schlick (1936), S. 323
13 H. Feigl: Moritz Schlick (1937/38), S. 393
14 H. Feigl: The Wiener Kreis in America (1981), S. 81
15 Brief Carnaps an Neurath, 23. 8. 1945 (Wiener Kreis-Archiv, Amsterdam)
16 O. Neurath: Soziologie im Physikalismus (1931). In: Schriften 2 (1981), S. 533
17 F. Nietzsche: Vom Nutzen und Nachteil der Historie für das Leben. In: Werke I. Hg. von K. Schlechta, S. 209–285
18 Th. W. Adorno u. a.: Der Positivismusstreit (1969)
19 L. Wittgenstein: Philosophische Untersuchungen, Abschnitt 66f.
20 F. Kreuzer: Grenzen der Sprache – Grenzen der Welt (1982), S. 8
21 Ph. Frank: Modern Science and Its Philosophy (1949), S. 48
22 H. Neider, in: Memories of Otto Neurath (1973), S. 45
23 Gespräch mit Heinrich Neider (1977), S. 21
24 P. Neurath, in: Memories of Otto Neurath (1973), S. 32
25 C. G. Hempel: Der Wiener Kreis und die Metamorphosen seines Empirismus (1981), S. 206
26 Ebd., S. 207
27 Zit. nach: Gespräch mit H. Neider (1977), S. 25
28 W. M. Johnston: Österreichische Kultur- und Geistesgeschichte (1974), S. 204
29 E. Niekisch: Gewagtes Leben. Köln – Berlin 1958, S. 56

30 O. Neurath: Wissenschaftliche Weltauffassung, Sozialismus und Logischer Empirismus (1979), S. 243
31 E. Niekisch: Gewagtes Leben (1958), S. 57
32 O. Neurath: Gesammelte bildpädagogische Schriften (1991)
33 Wissenschaftliche Weltauffassung – Der Wiener Kreis, a. a. O., S. 29f.
34 Brief Neuraths an Carnap, 5. 4. 1934
35 Vgl. Ch. Morris, in: Memories of Otto Neurath (1973), S. 67
36 M. Neurath, in: Memories of Otto Neurath (1973), S. 80
37 Ebd.
38 L. Wittgenstein: Tagebuch, 8. 7. 1916. In: Schriften (1960), S. 167
39 O. Neurath: Die Entwicklung des Wiener Kreises (1936). In: Schriften 2 (1981), S. 699
40 H. Hahn: Überflüssige Wesenheiten (1930), S. 3
41 O. Neurath: Soziologie im Physikalismus (1931). In: Schriften 2 (1981), S. 552
42 O. Neurath: Physikalismus (1931). In: Schriften 1 (1981), S. 415
43 O. Neurath: Wege der wissenschaftlichen Weltauffassung (1930/31). In: Schriften 1 (1981), S. 372
44 Gespräch mit Heinrich Neider (1977), S. 23
45 C. G. Hempel: Der Wiener Kreis …, a. a. O., S. 207
46 O. Neurath: Radikaler Physikalismus und «Wirkliche Welt» (1934). In: Schriften 2 (1981), S. 614ff.
47 O. Neurath: Bespr. von R. Carnap «Der logische Aufbau der Welt» (1928). In: Schriften 1 (1981), S. 296
48 Vgl. O. Neurath: Pseudorationalismus der Falsifikation (1935). In: Schriften 2 (1981), S. 635–644
49 O. Neurath: Einheit der Wissenschaft als Aufgabe (1935). In: Schriften 2 (1981), S. 626
50 O. Neurath: Anti-Spengler (1921). In: Schriften 1 (1981), S. 140
51 O. Neurath: Bespr. von R. Carnap «Der logische Aufbau der Welt», a. a. O., S. 296
52 O. Neurath: Einheitswissenschaft und Psychologie (1933). In: Schriften 2 (1981), S. 610
53 O. Neurath: in: H. M. Kallen: Postscript – Otto Neurath (1946), S. 533
54 Brief Carnaps an Neurath, 11. 6. 1936
55 C. G. Hempel: Der Wiener Kreis …, a. a. O., S. 207
56 Gespräch mit H. Neider (1977), S. 30
57 Ebd., S. 27
58 R. Carnap: In Memory of R. Carnap (1971), S. L
59 M. Reichenbach, in: Ebd., S. LII
60 R. Carnap: Logische Syntax der Sprache (1968, 2. Aufl.), S. 3
61 R. Carnap: Intellectual Autobiography (1963), S. 3
62 Ebd., S. 9
63 Ebd., S. 83
64 Ebd., S. 6
65 W. Kindt (Hg.): Die Wandervogelzeit (1968), S. 470
66 Ebd., S. 495f.
67 B. Russell: Our Knowledge of the External World (1914)
68 R. Carnap: Der logische Aufbau der Welt (1979, Nachdruck der 2. Aufl. 1961), S. X

69 Ebd., S. XI
70 R. Carnap: Intellectual Autobiography (1963), S. 20
71 H. Feigl, in: In Memory of R. Carnap (1971), S. XII
72 R. Carnap: Intellectual Autobiography (1963), S. 20
73 Ebd., S. 21
74 R. Carnap: Der logische Aufbau der Welt. Vorwort zur 1. Aufl. 1928 (1979), S. XIXf.
75 R. Carnap: Intellectual Autobiography (1963), S. 34
76 H. Feigl, in: In Memory of R. Carnap (1971), S. XI
77 W. V. O. Quine, in: Ebd., S. XXV
78 Ph. Frank: Nachruf auf Hans Hahn (1934), S. 316
79 K. Menger: Einl. zu H. Hahn: Empirismus, Logik, Mathematik (1988), S. 13
80 Gespräch mit Heinrich Neider (1977), S. 29
81 W. Hollitscher: Zum Gedenken an Moritz Schlick (1970), S. 7
82 M. Schlick: Fragen der Ethik (1984), S. 199ff.
83 F. Waismann: Vorwort zu M. Schlick: Gesammelte Aufsätze (1938), S. XI
84 M. Schlick: Vom Sinn des Lebens (1927), S. 349
85 M. Schlick: Allgemeine Erkenntnislehre (1979), S. 17
86 M. Schlick: Vom Sinn des Lebens (1927), S. 346
87 B. Juhos: Moritz Schlick (1962), S. 123
88 G. P. Baker und B. McGuinness: Nachwort zu: F. Waismann: Logik, Sprache, Philosophie (1976), S. 648
89 Brief Wittgensteins an Schlick, 18. 2. 1929. In: Ludwig Wittgenstein und der Wiener Kreis. Hg. von B. McGuinness (1967), S. 17
90 Gespräch mit H. Neider (1977), S. 24
91 Brief Neuraths an Carnap, 20. 8. 1932
92 F. Waismann, in: Wittgenstein und der Wiener Kreis, a. a. O., S. 26
93 M. Schlick: Vorrede zu F. Waismann: Logik, Sprache, Philosophie (1976), S. 21
94 H. Feigl: Inquiries and Provocations (1981), S. 2
95 Ebd., S. 74
96 Ebd., S. 57
97 Ebd., S. 57–94
98 K. Menger: Memories of M. Schlick (1982), S. 89
99 R. Carnap: Logische Syntax der Sprache (1968, 2. Aufl.), S. 45
100 K. Gödel: Über formal unentscheidbare Sätze der Principia Mathematica und verwandter Systeme (1931)
101 E. Köhler: Gödel und der Wiener Kreis. In: P. Kruntorad (Hg.): Jour fixe der Vernunft (1991), S. 158
102 R. Carnap: Intellectual Autobiography (1963), S. 53
103 K. Popper: Ausgangspunkte (1979), S. 121
104 K. Popper, in: Memories of Otto Neurath (1973), S. 56
105 K. Popper: Ausgangspunkte (1979), S. 115
106 Ebd., S. 121f.
107 K. Popper: Logik der Forschung (1969, 3. Aufl.), S. 45
108 O. Neurath: Pseudorationalismus der Falsifikation (1935), a. a. O., S. 638
109 Ebd., S. 641
110 H. Feigl: The Wiener Kreis in America (1981), S. 67
111 Ebd., S. 66
112 K. Popper: Ausgangspunkte (1979), S. 304

113 P. Feyerabend: Erkenntnis für freie Menschen (1980), S. 226
114 W. Benjamin: Geschichtsphilosophische Thesen. In: W. Benjamin: Illuminationen (1955), S. 270
115 M. Schlick: Die Wiener Schule und die traditionelle Philosophie (1977), S. 141
116 R. Carnap: Intellectual Autobiography (1963), S. 23
117 Ebd., S. 22
118 O. Neurath: Wege der wissenschaftlichen Weltauffassung (1930/31), a. a. O., S. 371
119 Wissenschaftliche Weltauffassung – Der Wiener Kreis, a. a. O., S. 10
120 O. Neurath: Die Entwicklung des Wiener Kreises und die Zukunft des logischen Empirismus. In: Schriften 2 (1981), S. 673–702; O. Neurath: Der logische Empirismus und der Wiener Kreis. In: Schriften 2 (1981), S. 739–747
121 O. Neurath: Die Entwicklung des Wiener Kreises ..., a. a. O., S. 674
122 Ebd., S. 676f.
123 R. Musil: Der Mann ohne Eigenschaften (1970), S. 33f.
124 Ebd., S. 34
125 O. Neurath: Die Entwicklung des Wiener Kreises ..., a. a. O., S. 676ff.
126 Ebd., S. 677
127 Ebd., S. 691
128 E. Mach: Autobiographie (1972), S. 414
129 E. Mach: Die Analyse der Empfindungen (Vorwort zur 4., vermehrten Aufl. 1903), S. V
130 W. I. Lenin: Materialismus und Empiriokritizismus (1964), S. 124
131 O. Neurath: Der logische Empirismus und der Wiener Kreis, a. a. O., S. 742
132 Ph. Frank: Modern Science and Its Philosophy (1949), S. 13
133 K. Menger: Einl. zu H. Hahn: Empirismus, Logik, Mathematik (1988); S. 9
134 M. Schlick: Allgemeine Erkennislehre (1979), S. 17
135 Ebd., S. 7
136 M. Schlick zit. in F. Waismann: Vorwort zu M. Schlick: Gesammelte Aufsätze (1938), S. XXIII
137 Gespräch mit H. Neider (1977), S. 37
138 L. Wittgenstein: Tractatus logico-philosophicus (Vorwort). In: Schriften (1960), S. 10
139 K. Menger: Einl. zu H. Hahn: Empirismus, Logik, Mathematik, a. a. O., S. 13
140 R. Carnap: Intellectual Autobiography (1963), S. 24f.
141 M. Schlick: Vorrede zu F. Waismann: Logik, Sprache, Philosophie (1976), S. 21
142 O. Neurath: Soziologie im Physikalismus (1931). In: Schriften 2 (1981), S. 535
143 Wittgenstein und der Wiener Kreis, a. a. O., S. 13
144 Brief von Margaret Stonborough, Wittgensteins Schwester, an Schlick, 19. 2. 1927. In: Wittgenstein und der Wiener Kreis, a. a. O., S. 15
145 Zit. nach M. Nedo und M. Ranchetti (Hg.): Wittgenstein (1983), S. 282
146 M. Schlick: Vorrede zu F. Waismann: Logik, Sprache, Philosophie, a. a. O., S. 21
147 M. Schlick: Die Wende der Philosophie. In: M. Schlick, Gesammelte Aufsätze (1938), S. 36
148 R. Carnaps Tagebuch befindet sich in der «Carnap-Collection» der University of Pittsburgh/USA. Zit. nach B. McGuinness: Wittgensteins Beziehung zum Wiener Kreis (1991), S. 114
149 R. Carnap: Intellectual Autobiography (1963), S. 25

150 Vgl. M. Geier: Das Sprachspiel der Philosophen (1989), Kap. 4
151 H. Feigl: The Wiener Kreis in America (1981), S. 64
152 Zusammengestellt von F. Waismann, hg. von B. McGuinness 1967 (= L. Wittgenstein, Schriften 3)
153 K. Menger: Wittgenstein betreffende Seiten aus einem Buch über den Wiener Kreis (1979), S. 27
154 H. Feigl: The Wiener Kreis in America (1981), S. 64
155 H. Reichenbach: In eigener Sache. In: Erkenntnis 4 (1934), S. 76
156 Zit. nach: F. Stadler: Vom Positivismus zur «wissenschaftlichen Weltauffassung» (1982), S. 197f.
157 V. Kraft: Der Wiener Kreis (1950), S. 3f.
158 F. Stadler: Popularisierungsbestrebungen im Wiener Kreis und im «Verein Ernst Mach» (1985), S. 116
159 F. Stadler: Vom Positivismus zur «wissenschaftlichen Weltauffassung», a. a. O., S. 173
160 Vgl. ebd., S. 181–193
161 Wissenschaftliche Weltauffassung – Der Wiener Kreis, S. 30
162 Zit. nach H. Mulder: Wissenschaftliche Weltauffassung. Der Wiener Kreis (1968), S. 387
163 Ebd., S. 399f.
164 Ebd., S. 390
165 Wissenschaftliche Weltauffassung – Der Wiener Kreis, S. 30
166 Vgl. zur Diskussion über «Klerikalfaschismus» und «Austrofaschismus» L. Reichhold: Kampf um Österreich (1984)
167 Zit. nach F. Stadler: Vom Positivismus ..., a. a. O., S. 196
168 Ebd., S. 198
169 Ebd., S. 200
170 Ebd., S. 201
171 R. Carnap: Intellectual Autobiography (1963), S. 57
172 R. Carnap: Theoretische Fragen und praktische Entscheidungen (1934), S. 258
173 Ebd., S. 260
174 Ebd.
175 H.-J. Dahms: Vertreibung und Emigration des Wiener Kreises zwischen 1931 und 1940 (1985), S. 347
176 H. Feigl: The Wiener Kreis in America, a. a. O., S. 81
177 Erste Veröffentlichungen ab 1938, Chicago. Die ersten zwanzig Monographien sind in zwei Bände zusammengefaßt als: Foundations of the Unity of Science. Hg. von O. Neurath, R. Carnap und Ch. Morris (1970f.)
178 H.-J. Dahms: Vertreibung und Emigration des Wiener Kreises, a. a. O.
179 L. Wittgenstein: Tractatus logico-philosophicus 4.112
180 Wissenschaftliche Weltauffassung – Der Wiener Kreis, a. a. O., S. 15
181 E. du Bois-Reymond: Vorträge über Philosophie und Gesellschaft (1974)
182 Zit. nach R. Haller und F. Stadler (Hg.): Ernst Mach (1988), S. 214
183 M. Schlick: Allgemeine Erkenntnislehre (1979), S. 21 und 364
184 R. Carnap: Der logische Aufbau der Welt, a. a. O., S. 254
185 Wissenschaftliche Weltauffassung – Der Wiener Kreis, S. 15
186 O. Neurath: Wege der wissenschaftlichen Weltauffassung, a. a. O., S. 385
187 M. Schlick: Die Wende der Philosophie, a. a. O., S. 35
188 M. Schlick: Unbeantwortbare Fragen (1986), S. 263

189 M. Schlick: Form und Inhalt (1938). In: M. Schlick: Philosophische Logik (1986), S. 211
190 R. Carnap, in: Erkenntnis 2 (1931), S. 219–241
191 R. Carnap: Theoretische Fragen und praktische Entscheidungen, a. a. O., S. 257
192 M. Schlick: Allgemeine Erkenntnislehre (1979), S. 95f.
193 Wissenschaftliche Weltauffassung – Der Wiener Kreis, S. 18
194 D. Hume: An Enquiry concerning Human Understanding (1748), XII,3
195 M. Schlick: Die Wiener Schule und die traditionelle Philosophie, a. a. O., S. 142
196 G. Patzig: Nachwort zu R. Carnap: Scheinprobleme in der Philosophie (1966), S. 142
197 H. Feigl: Inquiries and Provocations (1981), S. 409
198 R. Carnap: Überwindung der Metaphysik durch logische Analyse der Sprache (1931)
199 M. Schlick: Allgemeine Erkenntnislehre (1979), S. 186
200 R. Carnap: Scheinprobleme in der Philosophie (1966), S. 47 und S. 52
201 Wittgenstein und der Wiener Kreis, a. a. O., S. 47
202 F. Waismann, ebd., S. 244f.
203 M. Schlick: Positivismus und Realismus (1938), S. 90
204 M. Schlick: Bedeutung und Verifikation (1986), S. 268
205 Ebd., S. 280
206 K. Popper: Logik der Forschung (1969, 3. Aufl.). S. 14ff
207 Vgl. C. G. Hempel: Probleme und Modifikationen des empiristischen Sinnkriteriums (1972); C. G. Hempel: Der Begriff der kognitiven Signifikanz (1972)
208 M. Schlick: Positivismus und Realismus, a. a. O., S. 115
209 R. Carnap: Der logische Aufbau der Welt, a. a. O., S. X
210 Ebd., S. 86
211 O. Neurath: Physikalismus. In: Schriften 1 (1981), S. 419
212 R. Carnap: Der logische Aufbau der Welt, a. a. O., S. XIIf.
213 R. Carnap: Die physikalische Sprache als Universalsprache der Wissenschaft (1931), S. 437
214 O. Neurath: Protokollsätze (1932/33). In: Schriften 2 (1981), S. 581
215 Ebd., S. 579
216 R. Carnap: Über Protokollsätze (1932/33), S. 215
217 Ebd., S. 224
218 K. Popper: Logik der Forschung, a. a. O., S. 71
219 M. Schlick: Tatsachen und Aussagen (1935). In: M. Schlick: Philosophische Logik (1986), S. 223
220 M. Schlick: Über das Fundament der Erkenntnis (1938), S. 302
221 Ebd., S. 304f.
222 Ebd., S. 305 und S. 310
223 O. Neurath: Radikaler Physikalismus und «Wirkliche Welt». In: Schriften 2 (1981), S. 611f.
224 Ebd., S. 623
225 O. Neurath: Pseudorationalismus der Falsifikation: In: Schriften 2 (1981), S. 638, S. 642, S. 644
226 Ebd., S. 641
227 M. Schlick: Fragen der Ethik (1984). Vgl. R. Hegselmann: Normativität und Rationalität (1979)

228 O. Neurath: Grundlagen der Sozialwissenschaften (1944). In: Schriften 2 (1981), S. 978

229 Wissenschaftliche Weltauffassung – Der Wiener Kreis, a. a. O., S. 14

230 H.-J. Dahms (Hg.): Philosophie, Wissenschaft, Aufklärung (1985)

231 R. Haller (Hg.): Schlick und Neurath (1982)

232 Bei Reidel Publishing erscheint die «Vienna Circle Collection», hg. von H. L. Mulder, R. S. Cohen und B. McGuinness. – Im Suhrkamp-Verlag erscheinen wichtige Schriften des Wiener Kreises in der Reihe «Wiener Kreis – Schriften zum Logischen Empirismus», hg. von H. L. Mulder, R. Hegselmann, A. J. Kox und F. Stadler

233 B. McGuinness (Hg.): Zurück zu Schlick (1985)

234 Am 2. 10. 1991 fand im Festsaal des Alten Rathauses, Wien, in dem sich auch der Verein Ernst Mach institutionalisiert hatte, die konstituierende Generalversammlung dieses Fördervereins statt. Unter der wissenschaftlichen Leitung von Friedrich Stadler versucht er die Idee zu realisieren, «daß gerade die Stadt Wien aus kulturpolitischen und wissenschaftlichen Gründen als weltoffene Stadt mit multikultureller Tradition und Identität der nach ihr benannten und aus ihr vertriebenen Bewegung des Wiener Kreises eine angemessene Stätte der Dokumentation und Forschung» errichtet (Wien, April 1992, 7. Fassung des Institut-Programms)

Zeittafel

Vorgeschichte

1874 Franz Brentano: «Psychologie vom empirischen Standpunkt»
1879 Gottlob Frege: «Begriffsschrift»
1883 Ernst Mach: «Die Mechanik in ihrer Entwicklung historisch-kritisch dargestellt»
1886 Ernst Mach: «Beiträge zur Analyse der Empfindungen»
1895 Beginn der Lehrtätigkeit von Ernst Mach auf dem Lehrstuhl für Philosophie der induktiven Wissenschaften an der Universität Wien (bis 1902)
1905 Albert Einsteins «Spezielle Relativitätstheorie»
1907 bis 1912 Erster Wiener Kreis: Hans Hahn, Philipp Frank, Otto Neurath und Richard von Mises treffen sich regelmäßig und diskutieren besonders die wissenschaftstheoretischen Schriften von Henri Poincaré, Pierre Duhem und Abel Rey
1910 bis 1913: Bertrand Russell und Alfred North Whitehead: «Principia Mathematica» (drei Bände)
1918 Moritz Schlick: *Allgemeine Erkenntnislehre.* Ludwig Wittgenstein schließt die Arbeit am Manuskript «Logisch-philosophische Abhandlung» ab, die 1921 in «Ostwalds Annalen der Naturphilosophie» erscheint. Die zweisprachige (deutsch/englische) Ausgabe mit dem Titel «Tractatus logico-philosophicus» wird 1922 im Londoner Verlag Routledge & Kegan Ltd. publiziert
1921 Hans Hahn wird als Ordinarius für Mathematik an die Wiener Universität berufen

Konstitutionsphase

1922 Schlick wird auf den Mach-Boltzmann-Lehrstuhl für Philosophie der induktiven Wissenschaften berufen. Kurt Reidemeister wird Professor für Mathematik an der Universität Wien
1924 Beginn des Donnerstag-Abend-Kolloquiums unter Leitung von Schlick
1925 Schlick: *Allgemeine Erkenntnislehre*, zweite, vermehrte Auflage

1926 Rudolf Carnap wird Privatdozent für Philosophie an der Wiener Universität. Im Schlick-Zirkel wird Wittgensteins «Tractatus» gelesen und diskutiert

1927 Im Februar lernt Schlick Wittgenstein persönlich kennen. Bis 1933 regelmäßige Zusammenkünfte von Schlick und Friedrich Waismann mit Wittgenstein. Zu Beginn nehmen auch Carnap und Herbert Feigl teil

Öffentlichkeitsphase

1928 Im März hält L. E. J. Brouwer einen grundlagenmathematischen Vortrag an der Wiener Universität, der Wittgenstein wieder zur philosophischen Auseinandersetzung herausfordert. Carnap: *Der logische Aufbau der Welt* und *Scheinprobleme in der Philosophie.* 23. November: Gründungsversammlung des Vereins Ernst Mach (VEM). Der Schlick-Zirkel tritt als Wiener Kreis an die Öffentlichkeit

1929 Wittgenstein kehrt nach Cambridge zurück. Schlick schlägt das Angebot einer Professur an der Bonner Universität aus. Programmschrift: *Wissenschaftliche Weltauffassung – Der Wiener Kreis,* im Auftrag des VEM geschrieben und unterzeichnet von Carnap, Hahn und Neurath. «1. Tagung für Erkenntnislehre der exakten Wissenschaften» in Prag. Frank und Schlick geben die «Schriften zur wissenschaftlichen Weltauffassung» heraus

1930 Carnap und Hans Reichenbach geben die Zeitschrift «Erkenntnis» im Verlag Felix Meiner (Leipzig) heraus. Alfred Tarski besucht den Wiener Kreis. «2. Tagung für Erkenntnislehre der exakten Wissenschaften» in Königsberg. Unter Neuraths Einfluß konvertiert Carnap zum Physikalismus

1931 Carnap verläßt Wien und beginnt an der Prager Universität zu lehren. Kurt Gödel: *Über formal unentscheidbare Sätze der Principia Mathematica.* Herbert Feigl emigriert in die USA

1933 Neurath gibt die Schriftenreihe «Einheitswissenschaft» heraus

Auflösung und Nachwirkungen

1933 4. März: putschistische Errichtung eines autoritären Regimes unter Bundeskanzler Engelbert Dollfuß. Bildung der Vaterländischen Front

1934 Februarkämpfe. Niederlage der Arbeiterbewegung. Verbot der Sozialdemokratie. 23. Februar: Auflösung des Verein Ernst Mach durch die Wiener Bundespolizeidirektion. Schlick erhebt gegen das Verbot vergeblich Einspruch. Neuraths Flucht nach Den Haag. Tod von Hahn. Gescheiterter Juli-Putsch der österreichischen Nationalsozialisten. 31. August – 2. September: Vorkonferenz zum «1. Internationalen Kongreß für Einheit der Wissenschaft» in Prag. Carnap: *Logische Syntax der Sprache.* Popper: «Logik der Forschung»

1935 15. – 23. September: «1. Internationaler Kongreß für Einheit der Wissenschaft» in Paris. Bertrand Russell hält den Eröffnungsvortrag. Planung der *International Encyclopedia of Unified Science*

1936 21. – 26. Juni: «2. Internationaler Kongreß für Einheit der Wissenschaft» in Kopenhagen. 22. Juni: Schlick wird erschossen. 11. Juli: Deutsch-österreichisches Abkommen zwischen Adolf Hitler und Kurt von Schuschnigg. Carnap emigriert in die USA. Weiterführung des Donnerstag-Abend-Kolloquiums auf privater Ebene (bis 1938) unter Waismanns Leitung

1937 Ende der «Schriften zur wissenschaftlichen Weltauffassung». 29. – 31. Juli: «Konferenz der Internationalen Kongresse für Einheit der Wissenschaft» in Paris. Karl Menger emigriert in die USA. Felix Meiner gibt die «Erkenntnis» an den Verlag Van Stockum & Zoon, Den Haag, ab

1938 «Anschluß» Österreichs an das Deutsche Reich. 13. März: Einmarsch deutscher Truppen. Bildung einer Regierung unter dem Nationalsozialisten Arthur Seyß-Inquart. 14. – 19. Juli: «4. Internationaler Kongreß für Einheit der Wissenschaft» in Cambridge/England. Erstes Heft der *International Encyclopedia of Unified Science* erscheint. Schlick: *Gesammelte Aufsätze 1926–1936.* Ende der «Einheitswissenschaft». Victor Kraft verliert seine Venia legendi an der Wiener Universität. Gustav Bergmann und Philipp Frank emigrieren in die USA, Edgar Zilsel und Waismann nach England

1939 «Erkenntnis» wird umbenannt in «Journal of Unified Science». 1. September: Beginn des Zweiten Weltkriegs. 3. – 9. September: «5. Internationaler Kongreß für Einheit der Wissenschaft» in Cambridge/USA

1940 Ende des «Journal of Unified Science». Neurath flieht nach England. Gödel reist aus in die USA

1941 «6. Internationaler Kongreß für Einheit der Wissenschaft» in Chicago

Zeugnisse

Ernst Bloch, 1935
Aus dem Zweifel kommen Kühle, indem sie ihn gänzlich mitmachen. Das reine Denken ist ihnen leer, das übrige Innen bloß gefühlig, und was es «erkennend» hinzugibt, gedichtet. […] Die Nähe dieser abstrakten Strenge zur neuen Sachlichkeit leuchtet ein; sie hat dieselbe menschliche Leere, dieselbe Klarheit eines bloß äußerlichen Verstands, denselben Verzicht, in die «Hintergründe» der Erfahrung einzudringen.

Erbschaft dieser Zeit. Frankfurt/Main 1973, S. 282f.

Max Horkheimer, 1937
Wie Ernst Mach ein fortschrittlicher Mensch gewesen ist, so haben sich viele Mitglieder des [Wiener] Kreises für freiheitliche Ziele eingesetzt. Nach ihrer Doktrin ist das zufällig, sie bietet so wenig ein Gegenmittel gegen politischen wie gegen spiritistischen Aberglauben. Die aufrechte Gesinnung einzelner Vertreter und der Scharfsinn mancher ihrer fachlichen Leistungen machen ihre Philosophie nicht besser.

Gesammelte Schriften, Band 4. Frankfurt/Main 1988, S. 159

Victor Kraft, 1950
Die Arbeit des Wiener Kreises ist ja nicht abgeschlossen, sie ist abgebrochen worden. […] In einer Zeit, da im deutschen Bereich metaphysische Tendenzen und dogmatische Konstruktion herrschten, hat er die Philosophie in wissenschaftlicher Weise behandelt.

Der Wiener Kreis. Wien 1950, S. 176

Theodor W. Adorno, 1969
Der Positivismus verinnerlicht die Zwänge zur geistigen Haltung, welche die total vergesellschaftete Gesellschaft auf das Denken ausübt, damit es in ihr funktioniert. Er ist der Puritanismus der Erkenntnis. […] Der Positivismus ist Geist der Zeit analog zur Mentalität von Jazzfans; ähnlich auch die Attraktion, die er auf junge Menschen ausübt. Hereinspielt die absolute Sicherheit, die er, nach dem Sturz der traditionellen Metaphysik, verspricht. Aber sie ist scheinhaft: die reine Widerspruchslosigkeit, zu der sie sich zusammenzieht, nichts als Tautologie, der Begriff gewordene Wiederholungszwang ohne Inhalt.

Der Positivismusstreit in der deutschen Soziologie.
Neuwied und Berlin 1969, S. 67, S. 70

Wolfgang Stegmüller, 1969
Die streng wissenschaftliche Einstellung des Wiener Kreises gegenüber den behandelten Problemen brachte es mit sich, daß hier nicht eine einheitliche philosophische Lehrmeinung entstand, in bezug auf welche allgemeine Übereinstimmung zwischen den einzelnen Vertretern geherrscht hätte. Nur in der philosophischen Grundhaltung gab es diese Übereinstimmung. [...] Hier steht nicht Glaube gegen Glaube, eine unbeweisbare philosophische Überzeugung gegen eine andere; sondern es handelt sich um eine auf gegenseitiger Achtung und Kritik beruhende Zusammenarbeit zahlreicher Forscher, die zum erstenmal in der Philosophiegeschichte einen deutlich sichtbaren Erkenntnisfortschritt – analog zum Erkenntnisfortschritt in den Einzelwissenschaften – mit sich bringt.

Hauptströmungen der Gegenwartsphilosophie. Stuttgart 1969, 4., erw. Aufl., S. 350

Jacques Bouveresse, 1973
Tatsächlich ist es äußerst bedauerlich, daß oft versucht wird, wenn man hinsichtlich der Wissenschaftsphilosophie carnapscher Art eine Haltung von globaler Ablehnung annimmt, das, was nur Ausdruck eines mangelnden Interesses ist – und dies ist an sich völlig legitim und verständlich –, als eine Widerlegung anzugeben.

Geschichte der Philosophie VIII. Hg. von F. Châtelet. Frankfurt/Main, Berlin, Wien 1975, S. 116

Paul Feyerabend, 1979
Die Autoren des Wiener Kreises und die frühen kritischen Rationalisten, die die Wissenschaft verzerrten und den Ruin der Philosophie herbeiführten, gehörten einer Generation an, die noch eine gewisse physikalische Bildung besaß. Auch begannen sie eine neue «Forschungsrichtung» – sie haben nicht bloß ihre Vorgänger imitiert. Sie erfanden ihre Irrtümer, sie mußten für sie kämpfen und brauchten daher ein gewisses Minimum an Intelligenz.

Erkenntnis für freie Menschen. Frankfurt/Main 1979, S. 251f.

Alfred Jules Ayer, 1981
Es stimmt zwar, daß außer mir selbst heute vielleicht niemandem mehr daran liegt, als logischer Positivist bezeichnet zu werden, doch der [Wiener] Kreis hat auch später noch prägenden Einfluß auf englische Philosophen ausgeübt. [...] Sogar nach Deutschland und Frankreich ist sein Einfluß durchgesickert. Geht man die Thesen, die in den frühen Nummern von «Erkenntnis» vertreten wurden, im einzelnen durch, stellt man fest, daß sie fast alle problematisch und viele von ihnen falsch sind. Aber ihr Geist triumphiert noch immer. Ein Zug, der sich am besten wohl als verschwommene Erbaulichkeit beschreiben läßt, wurde aus der Philosophie verbannt (ich wage nicht zu sagen: auf Nimmerwiedersehen – das wäre zu optimistisch), doch wo dieser Zug weiterbesteht oder sich aufs neue einstellt, muß er immerhin einer Kritik ins Auge sehen, deren Schärfe wir meistensteils jenen Helden meiner Jugend verdanken.

Zurück zu Schlick. Hg. von Brian McGuinness. Wien 1985, S. 23

Rudolf Haller, 1982
Nicht um den Glanz dieser Aufbruchszeit des Wien der zwanziger Jahre auf unsere Arbeit fallen zu lassen, wenden wir uns der Revolutionsphase der ana-

lytischen Philosophie zu. Sondern in dem Bewußtsein, daß die Probleme, auf die wir heute in der Philosophie und Wissenschaft stoßen, dort ihren Ausgangspunkt gefunden haben, daß die wissenschaftliche Weltauffassung des Wiener Kreises [...] unsere eigene Weltauffassung prägt und leitet, ob wir es wissen oder nicht.

Schlick und Neurath. Hg. von Rudolf Haller. Amsterdam 1982, S. XIX

Wolfgang Stegmüller, 1991
Im Rückblick kann man heute sagen, daß sich aus dem Ideengut des Wiener Kreises, teilweise ergänzt durch Gedanken ähnlicher Richtungen in anderen Ländern, nach der durch die Nazis erzwungenen Emigration eine der größten und international dominierenden Strömungen der Philosophie entwickelte, die strenge Forschung jenseits aller weltanschaulichen Differenzen betreibt.

Jour fixe der Vernunft. Hg. von Paul Kruntorad. Wien 1991, S. 55

Bibliographie

1. Bibliographien

Moritz Schlick-Bibliographie. In: Schlick, Moritz: Philosophical Papers. Bd. 2. Dordrecht, Boston, London 1979, S. 514–518
Otto Neurath-Bibliographie. In: Neurath, Otto: Empiricism and Sociology. Dordrecht, Boston 1973, S. 441–459
Rudolf Carnap-Bibliographie. In: Schilpp, Paul Arthur (Hg.): The Philosophy of Rudolf Carnap. La Salle, Ill. 1963, S. 1015–1070
Hans Hahn-Bibliographie. In: Hahn, Hans: Empirismus, Logik, Mathematik. Frankfurt/Main 1988, S. 173–176
Herbert Feigl-Bibliographie. In: Feigl, Herbert: Inquiries and Provocations. Dordrecht 1981, S. 439–446

Bibliographien zum logischen Empirismus:

Ayer, Alfred J. (Hg.): Logical Positivism. Glencoe, Ill. 1959, S. 381–446
Dürr, Karl: Der logische Positivismus. Bern 1948
Feigl, Herbert: Bibliography of Logical Empiricism. In: Revue Internationale de Philosophie 4 (1950), S. 95–102

2. Werke der herausragenden Wiener Kreis-Mitglieder (Auswahl)

Moritz Schlick

Über die Reflexion des Lichtes in einer inhomogenen Schicht. Berlin 1904
Lebensweisheit. Versuch einer Glückseligkeitslehre. München 1908
Das Wesen der Wahrheit nach der modernen Logik. In: Vierteljahresschrift für wissenschaftliche Philosophie und Soziologie 34 (1910), S. 387–477
Die philosophische Bedeutung des Relativitätsprinzips. In: Zeitschrift für Philosophie und philosophische Kritik 159 (1915), S. 129–175
Raum und Zeit in der gegenwärtigen Physik. In: Die Naturwissenschaften 5 (1917), S. 161–167 und S. 177–186

Allgemeine Erkenntnislehre. Berlin 1918 (2., erw. Aufl. Berlin 1925; Nachdruck Frankfurt/Main 1979)
Vom Sinn des Lebens. In: Symposion 1 (1927), S. 331–354
Die Wende der Philosophie. In: Erkenntnis 1 (1930/31), S. 4–11
Fragen der Ethik. Wien 1930 (Nachdruck Frankfurt/Main 1984)
Positivismus und Realismus. In: Erkenntnis 3 (1932), S. 1–31 (Nachdruck in: Gesammelte Aufsätze. Wien 1938, S. 83–115)
Über das Fundament der Erkenntnis. In: Erkenntnis 4 (1934), S. 79–99 (Nachdruck in: Gesammelte Aufsätze. Wien 1938, S. 289–310)
Philosophie und Naturwissenschaft. In: Erkenntnis 4 (1934), S. 379–396
Unanswerable Questions? In: The Philosopher 13 (1935), S. 98–104 (dt. Übers. in: M. Schlick: Philosophische Logik, Frankfurt/Main 1986, S. 259–265)
Meaning and Verification. In: The Philosophical Review 45 (1936), S. 339–369 (dt. Übers. in: M. Schlick: Philosophische Logik, Frankfurt/Main 1986, S. 266–299)
Gesammelte Aufsätze 1926–1936. Wien 1938 (Nachdruck Hildesheim 1969)
L'École de Vienne et la Philosophie traditionelle. In: Gesammelte Aufsätze. Wien 1938, S. 389–398 (dt. Übers. in: Jörg Schreiter: Zur Kritik der philosophischen Grundpositionen des Wiener Kreises. Frankfurt/Main 1977, S. 141–149)
Moritz Schlick (für das Lexikon dargestellt). In: W. Ziegenfuss und G. Jung (Hg.): Philosophen-Lexikon. Berlin 1950, S. 462–464
Natur und Kultur. Wien und Stuttgart 1952
Aphorismen. Wien 1962
Vorrede. In: Friedrich Waismann: Logik, Sprache, Philosophie. Stuttgart 1976, S. 11–23
Philosophical Papers. Zwei Bände. Dordrecht, Boston, London 1979
Philosophische Logik. Frankfurt/Main 1986
Die Probleme der Philosophie in ihrem Zusammenhang. Frankfurt/Main 1986

Otto Neurath

Zur Anschauung der Antike über Handel, Gewerbe und Landwirtschaft. Jena 1906/07 (Dissertation)
Die Kriegswirtschaftslehre und ihre Bedeutung für die Zukunft. Leipzig 1918
Wesen und Weg der Sozialisierung. Gesellschaftstechnisches Gutachten. München 1919
Durch Kriegswirtschaft zur Naturalwirtschaft. München 1919
Anti-Spengler. München 1921
Lebensgestaltung und Klassenkampf. Berlin 1928
Wissenschaftliche Weltauffassung – Der Wiener Kreis (zus. mit Hans Hahn und Rudolf Carnap). Wien 1929
Wege der wissenschaftlichen Weltauffassung. In: Erkenntnis 1 (1930/31), S. 106–123 (Nachdruck in: Gesammelte Schriften. Bd. 1. Wien 1981, S. 371–386)
Empirische Soziologie. Wien 1931
Einheitswissenschaft und Psychologie. Wien 1933
Radikaler Physikalismus und «Wirkliche Welt». In: Erkenntnis 4 (1934), S. 346–362 (Nachdruck in: Gesammelte Schriften. Band 2. Wien 1981, S. 611–624)
Pseudorationalismus der Falsifikation. In: Erkenntnis 5 (1934), S. 353–363 (Nachdruck in: Gesammelte Schriften. Band 2. Wien 1981, S. 635–644)
Le développement du Cercle de Vienne et l'avenir de l'empirisme logique. Paris 1936 (dt. Übers. in: Gesammelte Schriften, Band 2. Wien 1981, S. 673–702)

Den Logiska Empirismen och Wienerkretsen. In: Theoria 2 (1936), S. 72–82 (dt. Übers. in: Gesammelte Schriften. Band 2. Wien 1981, S. 739–748)
Modern Man in the Making. London 1939
Foundations of the Social Sciences. Chicago 1944 (dt. Übers. in: Gesammelte Schriften, Band 2. Wien 1981, S. 925–978)
Empiricism and Sociology. Dordrecht, Boston 1973 (enthält: Memories of Otto Neurath, S. 1–83)
Wissenschaftliche Weltauffassung, Sozialismus und Logischer Empirismus. Frankfurt/Main 1979
Gesammelte philosophische und methodologische Schriften. Zwei Bände. Wien 1981
Philosophical Papers 1913–1946. Dordrecht 1983
Gesammelte bildpädagogische Schriften. Wien 1991

Rudolf Carnap
Der Raum. Jena 1921 (Dissertation)
Physikalische Begriffsbildung. Karlsruhe 1926
Der logische Aufbau der Welt. Wien 1928. (Frankfurt/Main, Berlin, Wien 1979, Nachdruck der 4., unveränderten Aufl. 1974)
Scheinprobleme in der Philosophie. Berlin 1928 (Frankfurt/Main 1966, Nachdr. der 2. Aufl. Hamburg 1961; mit einem Nachwort von Günther Patzig, S. 83–135)
Wissenschaftliche Weltauffassung – Der Wiener Kreis (zus. mit Hans Hahn und Otto Neurath). Wien 1929
Abriß der Logistik. Wien 1929
Die alte und die neue Logik. In: Erkenntnis 1 (1930/31), S. 12–36
Überwindung der Metaphysik durch logische Analyse der Sprache. In: Erkenntnis 2 (1931), S. 219–241
Die physikalische Sprache als Universalsprache der Wissenschaft. In: Erkenntnis 2 (1931), S. 432–465
Psychologie in physikalischer Sprache. In: Erkenntnis 3 (1932/33), S. 107–142
Über Protokollsätze. In: Erkenntnis 3 (1932/33), S. 215–228
Die Aufgabe der Wissenschaftslogik. Wien 1934
Logische Syntax der Sprache. Wien 1934 (2. Aufl. Wien, New York 1968)
Theoretische Fragen und praktische Entscheidungen. In: Natur und Geist 2 (1934), S. 257–260
Testability and Meaning. In: Philosophy of Science 3 (1936), S. 419–471; Philosophy of Science 4 (1937), S. 1–40
Foundations of Logic and Mathematics. Chicago 1939
Introduction to Semantics. Cambridge/Mass. 1942
Formalization of Logic. Cambridge/Mass. 1943
Meaning and Necessity. Chicago 1947
Empiricism, Semantics and Ontology. In: Revue Internationale de Philosophie 11 (1950), S. 20–40
Logical Foundations of Probability. New York 1950
Einführung in die symbolische Logik. Wien 1954
Induktive Logik und Wahrscheinlichkeit (bearb. von Wolfgang Stegmüller). Wien 1959
Intellectual Autobiography. In: Arthur Paul Schilpp (Hg.): The Philosophy of Rudolf Carnap. La Salle, London 1963, S. 1–84

Replies and Systematic Expositions (Carnap's Reply to His Critics). In: Ebd., S. 859–1013
Einführung in die Philosophie der Naturwissenschaften. München 1969

3. Veröffentlichungen von Mitgliedern des Wiener Kreises

Blumberg, Albert, und Herbert Feigl: Logical Positivism. In: The Journal of Philosophy 28 (1931), S. 281–296
Feigl, Herbert: Theorie und Erfahrung in der Physik. Karlsruhe 1929
–: The Logical Analysis of the Psycho-Physical Problem. In: Philosophy of Science 1 (1934), S. 420–445
–: Moritz Schlick. In: Erkenntnis 7 (1937/38), S. 393–419
–: The «Mental» and the «Physical». In: Minnesota Studies in the Philosophy of Science. Vol. II. Minneapolis 1958, S. 370–497
–: The Wiener Kreis in America. In: H. Feigl: Inquiries and Provocations. Dordrecht 1981, S. 57–94
–: Inquiries and Provocations. Selected Writings 1929–1974. Dordrecht 1981
Frank, Philipp: Was bedeuten die gegenwärtigen physikalischen Theorien für die allgemeine Erkenntnislehre? In: Erkenntnis 1 (1930/31), S. 126–157
–: Das Kausalgesetz und seine Grenzen. Wien 1932 (Nachdruck Frankfurt/Main 1988)
–: Hans Hahn. In: Erkenntnis 4 (1934), S. 315–316
–: Das Ende der mechanistischen Physik. Wien 1935
–: Modern Science and Its Philosophy. Cambridge/Mass. 1949 (Nachdruck New York 1975)
Gödel, Kurt: Über formal unentscheidbare Sätze der Principia Mathematica und verwandter Systeme. In: Monatshefte für Mathematik und Physik 38 (1931), S. 173–198
Hahn, Hans: Wissenschaftliche Weltauffassung – Der Wiener Kreis (zus. mit R. Carnap und O. Neurath). Wien 1929
–: Überflüssige Wesenheiten (Occams Rasiermesser). Wien 1930
–: Logik, Mathematik und Naturerkennen. Wien 1933
–: Philosophical Papers. Dordrecht 1980
–: Empirismus, Logik, Mathematik. Frankfurt/Main 1988
Jörgensen, Jörgen: Einige Hauptpunkte der Entwicklung der formalen Logik seit Boole. In: Erkenntnis 5 (1935), S. 131–142
Juhos, Béla: Kritische Bemerkungen zur Wissenschaftstheorie des Physikalismus. In: Erkenntnis 4 (1934), S. 397–418
–: Principles of Logical Empiricism. In: Mind 46 (1937), S. 320–346
–: Die Erkenntnis und ihre Leistung. Wien 1950
–: Moritz Schlick. In: Archiv für Philosophie 12 (1962), S. 123–132
–: Formen des Positivismus. In: Zeitschrift für allgemeine Wissenschaftstheorie II/1 (1971), S. 27–62
–: Selected Writings on Epistemology and Physics. Dordrecht, Boston 1976
Kaila, Eino: Reality and Experience. Dordrecht, Boston, London 1979
Kraft, Victor: Moritz Schlick. In: Philosophia 1 (1936), S. 323–330
–: Die Grundlagen einer wissenschaftlichen Wertlehre. Wien 1937
–: Der Wiener Kreis. Der Ursprung des Neopositivismus. Wien 1950

–: Erkenntnislehre. Wien 1960
Menger, Karl: Ergebnisse eines Mathematischen Kolloquiums. Acht Bde. Leipzig, Berlin, Wien 1928–1936
–: Moral, Wille und Weltgestaltung. Wien 1934
–: Selected Papers in Logic and Foundations, Didactics, Economics. Dordrecht 1979
Mises, Richard von: Wahrscheinlichkeit, Statistik und Wahrheit. Wien 1928
–: Ernst Mach und die empiristische Wissenschaftsauffassung. Den Haag 1938
–: Kleines Lehrbuch des Positivismus. Den Haag 1939 (Nachdruck Frankfurt/Main 1990)
Naess, Arne: Erkenntnis und wissenschaftliches Verhalten. Oslo 1936
Petzäll, Ake: Logistischer Positivismus. Göteborg 1931
Schächter, Josef: Prolegomena zu einer kritischen Grammatik. Wien 1935 (Nachdruck Stuttgart 1978)
Schleichert, Hubert (Hg.): Logischer Empirismus – Der Wiener Kreis. München 1975 (Sammlung wichtiger Aufsätze von Mitgliedern des Wiener Kreises)
Waismann, Friedrich: Thesen (um 1930). In: Ludwig Wittgenstein und der Wiener Kreis. Hg. von B. McGuinness. Frankfurt/Main 1967, S. 233–261
–: Einführung in das mathematische Denken. Wien 1936
–: Vorwort. In: M. Schlick: Gesammelte Aufsätze. Wien 1938, S. VII-XXXI
–: How I see Philosophy. London 1968
–: Was ist logische Analyse? Gesammelte Aufsätze. Frankfurt/Main 1973
–: Logik, Sprache, Philosophie. Stuttgart 1976
–: Philosophical Papers. Dordrecht, Boston 1977
–: Wille und Motiv. Stuttgart 1983
Zilsel, Edgar: Bemerkungen zur Wissenschaftslogik. In: Erkenntnis 3 (1932/33), S. 143–161
–: Die sozialen Ursprünge der neuzeitlichen Wissenschaft. Frankfurt/Main 1976

4. Bücher aus dem «Wiener Umkreis»

Adler, Friedrich: Ernst Machs Überwindung des mechanischen Materialismus. Wien 1918
Ajdukiewicz, Kazimierz: The Scientific World-Perspective and Other Essays 1931–1963. Dordrecht 1978
Ayer, Alfred Jules: Language, Truth and Logic. London 1936 (dt. Übers.: Sprache, Wahrheit und Logik. Stuttgart 1970)
–: Philosophical Essays. London 1954
du Bois-Reymond, Emil: Über die Grenzen des Naturerkennens (1872) und Die sieben Welträthsel (1880). In: E. du Bois-Reymond: Vorträge über Philosophie und Gesellschaft. Hamburg 1974 (S. 54–77 bzw. S. 159–187)
Bolzano, Bernard: Wissenschaftslehre. Sulzbach 1837
Brentano, Franz: Psychologie vom empirischen Standpunkt. Leipzig 1874
Dingler, Hugo: Grundlagen der Geometrie. Stuttgart 1933
Duhem, Pierre: Ziel und Struktur der physikalischen Theorien. Leipzig 1908
Frege, Gottlob: Begriffsschrift. Eine der arithmetischen nachgebildete Formelsprache des reinen Denkens. Halle a. d. Saale 1879
(Nachdruck Darmstadt 1974)

LENIN, WLADIMIR I.: Materialismus und Empiriokritizismus (1909) (= Werke Bd. 14. Berlin 1964)
MACH, ERNST: Die Mechanik in ihrer Entwicklung historisch-kritisch dargestellt. Leipzig 1883
–: Beiträge zur Analyse der Empfindungen und das Verhältnis des Physischen zum Psychischen. Jena 1886
–: Erkenntnis und Irrtum. Leipzig 1905
–: Autobiographie (1913). In: Annals of Science 35 (1978), S. 401–418
MUSIL, ROBERT: Der Mann ohne Eigenschaften. Reinbek bei Hamburg 1970
NEDO, MICHAEL, und MICHELE RANCHETTI (Hg.): Wittgenstein. Frankfurt 1983
PLANCK, MAX: Positivismus und reale Außenwelt. Leipzig 1931
POINCARÉ, HENRI: Wissenschaft und Hypothese. Leipzig 1904
–: Der Wert der Wissenschaft. Leipzig 1906
–: Wissenschaft und Methode. Leipzig 1914
POPPER, KARL: Die beiden Grundprobleme der Erkenntnistheorie. Aufgrund von Manuskripten aus den Jahren 1930–1933. Tübingen 1979
–: Logik der Forschung. Wien 1934 (3., verm. Aufl. Tübingen 1969)
–: Conjectures and Refutations. London 1963
–: Ausgangspunkte. Meine intellektuelle Entwicklung. Hamburg 1979
REICHENBACH, HANS: Relativitätstheorie und Erkenntnis a priori. Berlin 1920
–: Philosophie der Raum-Zeit-Lehre, Berlin 1928
–: Der Aufstieg der wissenschaftlichen Philosophie. Braunschweig 1968
–: Selected Writings 1909–1953. 2 Bde. Dordrecht, Chicago 1978
REY, ABEL: Die Theorie der Physik bei den modernen Physikern. Leipzig 1908
RUSSELL, BERTRAND, und ALFRED NORTH WHITEHEAD: Principia Mathematica. 3 Bde. Cambridge 1910–1913
–: Our Knowledge of the External World as a Field for Scientific Method in Philosophy. London, New York 1914 (dt. Übers.: Unser Wissen von der Außenwelt. Leipzig 1926)
WITTGENSTEIN, LUDWIG: Logisch-philosophische Abhandlung (1918). In: Annalen der Naturphilosophie 14 (1921). Hg. von M. OSTWALD. Als «Tractatus logico-philosophicus» ersch. London 1922. Einsprachige dt. Ausg. in: Schriften. Frankfurt/Main 1960
Wittgenstein und der Wiener Kreis, von FRIEDRICH WAISMANN. Hg. von BRIAN MCGUINNESS. Frankfurt/Main 1967. (= Wittgenstein: Schriften. Bd. 3)

5. Untersuchungen

a. Monographien und Sammelbände

BAKER, GORDON P.: Wittgenstein, Frege and the Vienna Circle. Oxford, New York 1988
BELKE, FELICITAS: Spekulative und wissenschaftliche Philosophie. Zur Explikation des Leitproblems im Wiener Kreis des Neopositivismus. Meisenheim a. d. Glan 1966
BERGHEL, HAL, ADOLF HÜBNER und ECKEHART KÖHLER (Hg.): Wittgenstein, der Wiener Kreis und der kritische Rationalismus. Wien 1979
BERGMANN, GUSTAV: The Metaphysics of Logical Positivism. New York, London, Toronto 1954

Brand, Karl J.: Ästhetik und Kunstphilosophie im «Wiener Kreis». Essen 1988
Buck, Roger C., und Robert S. Cohen (Hg.): In Memory of Rudolf Carnap: Dordrecht, Boston 1971 (= Boston Studies in the Philosophy of Science 8)
Dahms, Hans-Joachim (Hg.): Philosophie, Wissenschaft, Aufklärung. Beiträge zur Geschichte und Wirkung des Wiener Kreises. Berlin, New York 1985
Dürr, Karl: Metaphysik und wissenschaftliche Philosophie. Berlin 1967
Dvorak, Johann: Edgar Zilsel und die Einheit der Erkenntnis. Wien 1981
Fleck, Karola: Otto Neurath. Eine biographische und systematische Untersuchung. Graz 1979
Gadol, Eugene T. (Hg.): Rationality and Science. A Memorial Volume for Moritz Schlick in Celebration of the Centennial of His Birth. Wien, New York 1982
Haeberli, Hans: Der Begriff der Wissenschaft im logischen Positivismus. Bern 1955
Haller, Rudolf: Studien zur österreichischen Philosophie. Amsterdam 1979
– (Hg.): Schlick und Neurath. Ein Symposion. Amsterdam 1982
–, und Friedrich Stadler (Hg.): Ernst Mach. Wien 1988
Hegselmann, Rainer: Normativität und Rationalität. Frankfurt/Main 1979
Hintikka, Jaakko (Hg.): Rudolf Carnap, Logical Empiricist. Dordrecht, Boston 1976
Hofmann-Grüneberg, Frank: Radikal-empiristische Wahrheitstheorie. Eine Studie über Otto Neurath, den Wiener Kreis und das Wahrheitsproblem. Wien 1988
Janik, Allan, und Stephen Toulmin: Wittgensteins Wien. München, Wien 1984
Johnston, William M.: Österreichische Kultur- und Geistesgeschichte. Wien, Köln, Graz 1974
Kambartel, Friedrich: Erfahrungen und Struktur. Frankfurt/Main 1968
Kamitz, Reinhard: Positivismus. Befreiung vom Dogma. München, Wien 1973
Keyserling, Arnold: Der Wiener Denkstil. Mach, Carnap, Wittgenstein. Graz, Wien 1965
Kolakowski, Leszek: Die Philosophie des Positivismus. München 1977
Krauth, Lothar: Die Philosophie Carnaps. Wien, New York 1970
Kreuzer, Franz: Grenzen der Sprache – Grenzen der Welt. Wittgenstein, der Wiener Kreis und die Folgen (Gespräch mit Rudolf Haller). Wien 1982
Krohn, Sven: Der logische Empirismus. 2 Bde. Turku 1949f.
Kruntorad, Paul (Hg.): Jour fixe der Vernunft. Der Wiener Kreis und die Folgen. Wien 1991
Leser, Norbert (Hg.): Das geistige Leben Wiens in der Zwischenkriegszeit. Wien 1981
McGuinness, Brian (Hg.): Zurück zu Schlick. Wien 1985
Mohn, Erich: Der logische Positivismus. Theorien und politische Praxis seiner Vertreter. Frankfurt/Main, New York 1977
Narski, I. S.: Positivismus in Vergangenheit und Gegenwart. Berlin (Ost) 1967
Nemeth, Elisabeth: Otto Neurath und der Wiener Kreis. Frankfurt/Main, New York 1981
Parthey, Heinrich, und Heinrich Vogel (Hg.): Joachim Jungius und Moritz Schlick. Beiträge von der Tagung des Arbeitskreises «Philosophie und Naturwissenschaft». Rostock 1969 (= Rostocker Philosophische Manuskripte 8 [1970])
Runggaldier, Edmund: Carnap's Early Conventionalism. Amsterdam 1984

SCHILPP, ARTHUR PAUL (Hg.): The Philosophy of Rudolf Carnap. La Salle, Ill. 1963
SCHNÄDELBACH, HERBERT: Erfahrung, Begründung und Reflexion. Versuch über den Positivismus. Frankfurt/Main 1971
SCHNITZLER, GÜNTER: Zur «Philosophie» des Wiener Kreises. München 1980
SCHREITER, JÖRG: Zur Kritik der philosophischen Grundpositionen des Wiener Kreises. Frankfurt/Main 1977
SINNREICH, JOHANNES (Hg.): Zur Philosophie der idealen Sprache. München 1972
STADLER, FRIEDRICH: Vom Positivismus zur «Wissenschaftlichen Weltauffassung». Wien, München 1982
– (Hg.): Arbeiterbildung in der Zwischenkriegszeit. Otto Neurath – Gerd Arntz. Wien, München 1982
UEBEL, THOMAS E. (Hg.): Rediscovering the Forgotten Vienna Circle. Dordrecht, Boston, London 1991
WANDSCHNEIDER, DIETER: Formale Sprache und Erfahrung. Carnap als Modellfall. Stuttgart 1975
WELLMER, ALBRECHT: Methodologie als Erkenntnistheorie. Frankfurt/Main 1967
WEINBERG, JULIUS ROBERT: An Examination of Logical Positivism. New York 1936 (2. Aufl. London 1950)

b. Aufsätze

AYER, ALFRED JULES: Der Wiener Kreis. In: B. MCGUINNESS (Hg.): Zurück zu Schlick. Wien 1985, S. 8–23
BAKER, GORDON P.: Verehrung und Verkehrung. Waismann und Wittgenstein. In: G. G. LUCKHARDT (Hg.): Wittgenstein. Hassocks 1979, S. 243–285
BECKERMANN, ANSGAR: Logischer Positivismus und radikale Gesellschaftsreform. In: Analyse und Kritik 1 (1979), S. 30–46
CLESS-BERNERT, TRAUDE: Der Mord an Moritz Schlick. In: Zeitgeschichte 7 (1982), S. 229–234
DAHMS, HANS-JOACHIM: Die Emigration des Wiener Kreises. In: FRIEDRICH STADLER (Hg.): Vertriebene Vernunft. Bd. I. Wien, München 1987, S. 66–122
–: Vertreibung und Emigration des Wiener Kreises zwischen 1931 und 1940. In: H.-J. DAHMS (Hg.): Philosophie, Wissenschaft, Aufklärung. Berlin, New York 1985, S. 307–365
DINGLER, HUGO: Probleme des Positivismus. In: Zeitschrift für philosophische Forschung 5 (1951), S. 485–513; 6 (1951), S. 235–257
HALLER, RUDOLF: New Light on the Vienna Circle. In: The Monist 65 (1982), S. 25–37
–: Der erste Wiener Kreis. In: Erkenntnis 22 (1985), S. 341–358
HEGSELMANN, RAINER: Grenzen des wissenschaftlichen Weltauffassung. In: Analyse und Kritik 1 (1979), S. 47–50
–: Otto Neurath – Empiristischer Aufklärer und Sozialreformer. In: Otto Neurath: Wissenschaftliche Weltauffassung, Logischer Empirismus und Sozialismus. Frankfurt/Main 1979, S. 7–78
–: Empiristischer Antifaschismus. Das Beispiel Otto Neurath. In: Dialektik 7 (1983), S. 67–75
–: Logischer Empirismus und Ethik. In: Moritz Schlick: Fragen der Ethik. Frankfurt/Main 1979, S. 7–46
–, und GEO SIEGWART: Zur Geschichte der «Erkenntnis». In: Erkenntnis 35 (1991), S. 461–471

HEMPEL, CARL GUSTAV: On the Logical Positivists' Theory of Truth. In: Analysis 2 (1934/35), S. 49–59
–: Probleme und Modifikationen des empiristischen Sinnkriteriums. In: J. SINNREICH (Hg.): Zur Philosophie der idealen Sprache. München 1972, S. 104–125
–: Der Begriff der kognitiven Signifikanz: eine erneute Betrachtung. In: Ebd., S. 126–144
–: Der Wiener Kreis und die Metamorphosen seines Empirismus. In: N. LESER (Hg.): Das geistige Leben Wiens in der Zwischenkriegszeit. Wien 1981, S. 205–215
–: Zur Wahrheitstheorie des logischen Positivismus. In: GUNNAR SKIRBEKK (Hg.): Wahrheitstheorien. Frankfurt/Main 1977, S. 96–108
HOCHKEPPEL, WILLY, und RUDOLF CARNAP: Andere Seiten des Denkens. In: Der Monat 224 (1967), S. 50–56
HOLLITSCHER, WALTER: Zum Gedenken an Moritz Schlick. In: Rostocker Philosophische Manuskripte 8,2 (1970), S. 5–7
HORKHEIMER, MAX: Der neueste Angriff auf die Metaphysik. In: Zeitschrift für Sozialforschung 6 (1937), S. 4–51
KALLEN, HORACE M.: Postscript – Otto Neurath 1882–1945. In: Philosophy and Phenomenological Research 6 (1946), S. 529–533
KNAUS, GERHARD: Positivismus und Metaphysik. In: Studium Generale 7,2 (1954), S. 79–85
KÖHLER, ECKEHART: Gödel und der Wiener Kreis. In: PAUL KRUNTORAD (Hg.): Jour fixe der Vernunft. Wien 1991, S. 127–158
KÖHLER, WOLFGANG: Der Wiener Kreis. Zur Geschichte der anderen deutschen Exilphilosophie. In: Frankfurter Rundschau, 20.1.1979, Feuilleton S. III
–: Zerstört der Logische Empirismus die Praktische Rationalität? In: Analyse und Kritik 1 (1979), S. 51–59
–: Logischer Empirismus und normative Entscheidungstheorie. In: Analyse und Kritik 1 (1979), S. 192–199
KOPPELBERG, DIRK: Die Wiederentdeckung des Wiener Kreises. In: Information Philosophie 4 (1982), S. 18–22
KRAFT, VICTOR: Popper and the Vienna Circle: In: PAUL ARTHUR SCHILPP (Hg.): The Philosophy of Karl Popper. La Salle 1974, S. 185–204
KUTSCHERA, FRANZ VON: Carnap und der Physikalismus. In: Erkenntnis 35 (1991), S. 305–323
LÜSCHER, RUDOLF: Die linke Ecke des Wiener Kreises. In: Analyse und Kritik 1 (1979), S. 182–191
MCGUINNESS, BRIAN: Wittgensteins Beziehungen zum Schlick-Zirkel. In: P. KRUNTORAD (Hg.): Jour fixe der Vernunft. Wien 1991, S. 108–126
MENGER, KARL: Memories of Moritz Schlick. In: E. T. GADOL (Hg.): Rationality and Science. Wien, New York 1982, S. 83–103
–: Einleitung. In: HANS HAHN: Empirismus, Logik, Mathematik. Frankfurt/Main 1988, S. 9–18
–: Wittgenstein betreffende Seiten aus einem Buch über den Wiener Kreis. In: HAL BERGHEL u. a. (Hg.): Wittgenstein, der Wiener Kreis und der kritische Rationalismus. Wien 1979, S. 27–29
MULDER, HENK L.: Wissenschaftliche Weltauffassung. Der Wiener Kreis. In: Journal of the History of Philosophy 6 (1968), S. 386–390
NEIDER, HEINRICH: Gespräch mit H. Neider. Persönliche Erinnerungen an den

Wiener Kreis. In: Conceptus XI, Heft 28–30 (1977), S. 21–42
PASSMORE, JOHN: Logical Positivism. In: PAUL EDWARDS (Hg.): The Encyclopedia of Philosophy. Bd. 5. New York, London 1967, S. 52–57
RUTTE, HEINER: Moritz Schlick, der Positivismus und der Neopositivismus. In: Zeitschrift für philosophische Forschung 30 (1976), S. 246–286
–: Viktor Kraft. Eine philosophische Standortbestimmung. In: Conceptus, 7. Jg., Nr. 21/22 (1973), S. 5–8
–: Positivistische Philosophie in Österreich. Nachwort zum Gespräch mit Heinrich Neider. In: Conceptus, 11. Jg., Nr. 28–30 (1977), S. 43–56
–: Moritz Schlick (1882–1936). In: Neue Österreichische Biographie 19 (1977), S. 120–128
SCHNÄDELBACH, HERBERT: Über den Realismus. In: Zeitschrift für allgemeine Wissenschaftstheorie III/1 (1972), S. 88–112
SIEGERT, MICHAEL: Mit dem Browning philosophiert. Der Mord an Moritz Schlick am 22. Juni 1936. In: Forum 331/332 (1981), S. 18–25
STADLER, FRIEDRICH: Popularisierungsbestrebungen im Wiener Kreis und «Verein Ernst Mach». In: H.-J. DAHMS (Hg.): Philosophie, Wissenschaft, Aufklärung. Berlin, New York 1985, S. 101–128
–: Spätaufklärung und Sozialdemokratie in Wien 1918–1938. In: FRANZ KADRNOSKA (Hg.): Aufbruch und Untergang. Österreichische Kultur zwischen 1918 und 1938. Wien, München, Zürich 1981, S. 441–473
STEGMÜLLER, WOLFGANG: Der Phänomenalismus und seine Schwierigkeiten. In: Archiv für Philosophie 8 (1958), S. 36–100
–: Moderner Empirismus: Rudolf Carnap und der Wiener Kreis. In: W. STEGMÜLLER: Hauptströmungen der Gegenwartsphilosophie. Stuttgart 1969 (4. Aufl.), S. 346–428
–: Nachruf auf Rudolf Carnap. In: Zeitschrift für allgemeine Wissenschaftstheorie 2 (1971), S. 1–13
STEINVORTH, ULRICH: Die fast existentialistische Dimension der Weltauffassung: Otto Neuraths philosophische und methodologische Schriften. In: Frankfurter Allgemeine Zeitung, 14. 6. 1982
WAGNER, HANS: Ein blinder Fleck im Empirismus und ein Einfall Kants. In: H. WAGNER (Hg.): Sinnlichkeit und Verstand. Bonn 1976, S. 151–166
WEDBERG, ANDERS: The Logical Construction of the World. In: Theoria 10 (1944), S. 216–246

6. Wirkungsgeschichte

ACHINSTEIN, PETER, und STEPHEN F. BARKER (Hg.): The Legacy of Logical Positivism. Baltimore 1969
ADORNO, THEODOR W. u. a.: Der Positivismusstreit in der deutschen Soziologie. Neuwied, Berlin 1969
APEL, KARL-OTTO: Transformation der Philosophie. 2 Bde. Frankfurt/Main 1973
AYER, ALFRED JULES (Hg.): Logical Positivism. Glencoe, Ill. 1959
DUMMETT, MICHAEL: Ursprünge der analytischen Philosophie. Frankfurt/Main 1988
FEIGL, HERBERT, und WILFRIED SELLARS (Hg.): Readings in Philosophical Analysis. New York 1949

–, und MAY BRODBECK (Hg.): Readings in the Philosophy of Science. New York 1953
–: Logical Positivism after Thirty-Five Years. In: Philosophy Today 8 (1964), S. 228–245
–, W. SELLARS und K. LEHRER (Hg.): New Readings in Philosophical Analysis. New York 1972
FEYERABEND, PAUL, und GROVER MAXWELL (Hg.): Mind, Matter, and Method. Minneapolis 1966
–: Der wissenschaftliche Realismus und die Autorität der Wissenschaften. Braunschweig, Wiesbaden 1978
–: Probleme des Empirismus. Braunschweig, Wiesbaden 1981
–: Erkenntnis für freie Menschen. Frankfurt/Main 1980
GEIER, MANFRED: Das Sprachspiel der Philosophen. Reinbek bei Hamburg 1989
GOODMAN, NELSON: The Structure of Appearance. Cambridge/Mass. 1951
HANFLING, OSWALD (Hg.): Essential Readings in Logical Positivism. Oxford 1981
KOPPELBERG, DIRK: Die Aufhebung der analytischen Philosophie. Quine als Synthese von Carnap und Neurath. Frankfurt/Main 1987
–: Ende oder Wende der analytischen Philosophie und Wissenschaftstheorie? In: Zeitschrift für allgemeine Wissenschaftstheorie 12 (1981), S. 364–400
LINSKY, LEONARD (Hg.): Semantics and the Philosophy of Language. Urbana/Ill. 1952
MORRIS, CHARLES: Logical Positivism, Pragmatism and Scientific Empiricism. Paris 1937
PAP, ARTHUR: Analytische Erkenntnistheorie. Wien 1955
QUINE, WILLARD VAN ORMAN: From a Logical Point of View. New York 1953
SCHREITER, JÖRG, und MANFRED BUHR: Erkenntnistheorie, kritischer Rationalismus, Reformismus. Zur jüngsten Metamorphose des Positivismus. Berlin (Ost) 1979
SCHULZ, WALTER: Philosophie in der veränderten Welt. Pfullingen 1972
STEGMÜLLER, WOLFGANG: Metaphysik, Skepsis, Wissenschaft. Frankfurt/Main 1954 (2., verb. Aufl. Berlin, Heidelberg, New York 1970)
–: Das Wahrheitsproblem und die Idee der Semantik. Wien 1957
–: Grundlagenforschung und Analytische Philosophie der Gegenwart. In: W. STEGMÜLLER: Hauptströmungen der Gegenwartsphilosophie. Stuttgart 1969 (4. Aufl.), S. 429–523
–: Probleme und Resultate der Wissenschaftstheorie und Analytischen Philosophie. Band I: Wissenschaftliche Erklärung und Begründung. Berlin, Heidelberg, New York 1969
–: Probleme und Resultate der Wissenschaftstheorie und Analytischen Philosophie. Band II: Theorie und Erfahrung. Berlin, Heidelberg, New York 1970
–: Vom dritten bis sechsten (siebten?) Dogma des Empirismus. In: Information Philosophie 4 (1983), S. 4–24

Namenregister

Die kursiv gesetzten Zahlen bezeichnen die Abbildungen

Adler, Friedrich 65
Adler, Max 65
Ajdukiewicz, Kazimierz 94
Altenberg, Peter 65
Arndt, Ernst Moritz 41
Ayer, Alfred Jules 71, 94, 96, *97*

Bach, Johann Sebastian 28
Bahr, Hermann 65
Bauer, Otto 65
Bergmann, Gustav 52
Bergson, Henri 108
Berkeley, George 62, 64
Blumberg, Albert E. 46
Bogdanow, Alexandr A. 66
Bohr, Niels *96*
Bois-Reymond, Emil du 99f, 100f, 102
Boltzmann, Ludwig 38, 65, 68, *66*
Bolzano, Bernard 59, 62f
Braithwaite, Richard Beven 94
Brentano, Franz 59, 62f, 64, *63*
Brouwer, L. E. J. 47, 80, *80*

Carnap, Ina 28, *29, 117*
Carnap, Paul Rudolf 22, 26, 28–37, 38f, 48f, 50, 53f, 57, 59, 70, 73f, 79, 83f, 85f, 87, 90f, 92f, 94, 96, 101, 111, 114, 116f, 118f, 120f, 124, *29, 35, 37, 114, 117, 123*
Chwistek, Leon 94
Comte, Auguste 62

Dempf, Alois 93
Dingler, Hugo 82
Dollfuß, Engelbert 88f, 90, *88*
Dubislav, Walter 10, 52
Duhem, Pierre 67

Einstein, Albert 34, 42, 50, 66f, 71, *42, 51*

Feigl, Herbert 10, 36, 45-47, 50, 53, 55, 59, 70, 79f, 85, 93f, 96, *46, 98*
Feyerabend, Paul 56
Fichte, Johann Gottlieb 62
Frank, Josef 52
Frank, Philipp 38, 52, 54, 66f, 70, 87, 92, 96, *68, 96*
Franz Joseph I., Kaiser von Österreich 60, 62, *60*
Franz II. Joseph Karl, Kaiser von Deutschland und Österreich 62
Frege, Gottlob 31, 33f, 36, 63, *31*

Geymonat, Ludovico 71
Gödel, Kurt 48–50, 70, 94, *49, 51*
Goethe, Johann Wolfgang 23
Gomperz, Theodor 100, *100*
Grelling, Kurt 10, 52

Habermas, Jürgen 127
Hahn, Hans 22, 25, 34, 38, 47, 49f, 53f, 59, 66f, 69f, 80, 83f, 86f, 92f, *39*
Hahn-Neurath, Olga 52, 70
Härlen, Hasso 52
Hegel, Georg Wilhelm Friedrich 62, 103
Heidegger, Martin 25, 103, 108, *107*
Hempel, Carl Gustav 52, 96, *96, 98*
Hempel, Eva *117*
Hitler, Adolf 8, *94/95*
Hofmannsthal, Hugo von 65
Hollitscher, Walter 40
Homer 102
Hume, David 105

Jörgensen, Jörgen 71, 95f, *96*
Juhos, Béla 43, 52, *43*

Kaila, Eino 71, 95
Kant, Immanuel 61f, 64f, 74, 103f, 105, 126, *62, 104*
Kaspar, Maria 79
Kaufmann, Felix 52, 70
Klages, Ludwig 108
Kotarbinsky, Tadeusz 94
Kraft, Victor 10, 52f, 70, 82, 94, *82*

Leibniz, Gottfried Wilhelm 62
Lenin, Wladimir I. 66
Lesniewsky, Stanislaw 94
Löwy, Heinrich 52, 84
Lukasiewicz, Jan 94
Lunatscharski, Anatoli W. 66

Mach, Ernst 38, 59, 62, 64f, 66f, 69, 81, 83f, 99f, 101, 115, 121, *64, 83*
Menger, Carl 47
Menger, Karl 47f, 50, 70, 80, 94, *47*
Mill, John Stuart 62
Mises, Richard von 52, 54, 66
Morris, Charles 94
Mozart, Wolfgang Amadeus 18
Musil, Robert 61

Naess, Arne 71, 95
Nagel, Ernest 94
Natkin, Marcel 50, 52
Neider, Heinrich 52
Nelböck, Johann 7f, 9f, *6, 9*
Neumann, John von 71
Neurath, Marie 22f, *23*
Neurath, Otto 12, 17–28, 38f, 40, 48, 53, 55, 57f, 59f, 61, 63, 66, 70, 75, 78, 82f, 84, 86f, 90, 92f, 95f, 101, 116f, 118f, 121f, 127, *19, 24, 96*
Neurath, Wilhelm 18, 20, *18*
Newton, Isaac 25, 66
Nietzsche, Friedrich 13, 108

Parmenides 103
Petzäll, Ake 95
Planck, Max 41, *42*
Platon 102
Poincaré, Henri 67
Popper, Karl 26, 52–56, 87, 93, 114, 116, 119f, 121f, 124, *53, 96*

Quine, Willard Van Orman 37, 55, 70, 94, *70*

Radaković, Theodor 52
Rand, Rose 52
Reichenbach, Hans 10, 52, 81f, 87, *81*
Reidemeister, Kurt 52, 70, 73, *73*
Reidemeister, Marie siehe Marie Neurath
Rey, Abel 67
Rougier, Louis 95f
Rudolf von Österreich, Erzherzog 47
Russell, Bertrand 32f, 34, 36, 38, 71, 95f, 115, *33, 97*
Ryle, Gilbert 94

Schächter, Josef 52
Schelling, Friedrich Wilhelm Joseph von 62
Schilpp, Paul Arthur 36
Schlick, Moritz 7f, 10, 13, 17f, 22, 26, 34, 38, 40–43, 44f, 47f, 50, 54f, 56f, 58f, 69f, 71, 73, 75f, 78, 82, 84f, 86f, 90f, 94, 96, 101f, 104, 109, 111f, 113, 116f, 119f, 121f, 124, 127f, *6, 11, 69*
Schnädelbach, Herbert 127
Schnitzler, Arthur 65
Schopenhauer, Arthur 108

Schuschnigg, Kurt von 8
Sokrates 71
Stebbing, Susan 94
Stegmüller, Wolfgang 125, *126*
Stöhr, Adolf 68

Tarski, Alfred 70, 94
Tscha Hung 71

Waismann, Friedrich 41, 43–45, 48, 50, 53, 70f, 76, 78f, 80, 85f, 87, 91, 94, 111f, *44*
Weber, Max 20
Wellmer, Albrecht 127
Whitehead, Alfred North 32f, 38, *32*
Wittgenstein, Ludwig 24, 26, 44f, 52f, 63, 71f, 74f, 76, 78f, 80f, 86f, 96, 101, 109, 111f, 115, 117, *72, 112*

Zilsel, Edgar 52, 55, 84, 92, *56*

Über den Autor

Manfred Geier, Prof. Dr. phil., geboren 1943 in Troppau. Studium der Germanistik, Philosophie und Politik in Frankfurt, Berlin und Marburg. Promotion über Noam Chomskys linguistische Theorie und den amerikanischen Strukturalismus 1973. Wissenschaftlicher Mitarbeiter an der Universität Marburg 1970–1979. Seit 1982 Lehrtätigkeit an der Universität Hannover. Veröffentlichungen: Sprache als Struktur. Tübingen 1976; Kulturhistorische Sprachanalysen. Köln 1979; Methoden der Sprach- und Literaturwissenschaft. München 1983; Doktor Ubu und ich. Rheinbach-Merzbach 1983; Die Schrift und die Tradition. München 1985; Linguistische Analyse und literarische Praxis. Tübingen 1986; Das Sprachspiel der Philosophen. Reinbek bei Hamburg 1989. Zahlreiche Essays über sprachliche, literarische und philosophische Probleme und Rätsel.

Quellennachweis der Abbildungen

Aus: Michael Nedo, Michele Ranchetti (Hg.): Wittgenstein. Sein Leben in Texten und Bildern. Frankfurt a.M. 1983: 2 (D. Reidel Publishing Co., Dordrecht), 33 (Trinity College, Cambridge), 49 (Prof. Georg Kreisel, Oxford), 72 (Dr. Hänsel, Wien), 73 (Wiener Kreis Stiftung, Amsterdam), 77 (Dr. Thomas Stonborough, Wien), 80 (North Holland Publishing Co., Amsterdam), 112 (Clara Sjögren, Wien), 117 (Wiener Kreis Stiftung, Amsterdam)

Aus: Forum 331/332 (1981): 6

Bildarchiv der Österreichischen Nationalbibliothek, Wien: 9, 11, 31, 58, 60, 66, 83, 88, 100, 110

Stiftung Dokumentationsarchiv des österreichischen Widerstandes, Wien: 12/13

Österreichisches Institut für Zeitgeschichte, Wien, Bildarchiv: 14, 91, 94/95

Österreichisches Gesellschafts- und Wirtschaftsmuseum, Wien: 18, 19, 23

Aus: Vienna Circle Collection, Bd. 1, 1973: 20, 21, 26, 127 (reprinted by permission of Kluwer Academic Publishers, Dordrecht); 24 und Umschlagrückseite (Wiener Kreis Stiftung; Wiener Kreis Archiv, Haarlem). – Bd. 7, 1976: 43 (Prof. Werner Leinfellner, Wien). – Bd. 10, 1979: 47 (reprinted by permission of Kluwer Academic Publishers, Dordrecht). – Bd. 11, 1979: 69 (Wiener Kreis Stiftung; Wiener Kreis Archiv, Haarlem). – Bd. 13, 1980: 39 und Umschlagrückseite (Wiener Kreis Stiftung; Wiener Kreis Archiv, Haarlem). – Bd. 14, 1981: 98 (Prof. C. G. Hempel, Princeton). – Bd. 15, 1981: 82 (Wiener Kreis Stiftung; Wiener Kreis Archiv, Haarlem)

Reproduced by permission of the University of Pittsburgh. All rights reserved: 29, 70

Aus: The Philosophy of Rudolf Carnap. Hg. von P. A. Schilpp. La Salle, Ill., 1963: 30

Aus: Ernst R. Sandvoss: Bertrand Russel. Reinbek bei Hamburg 1980. By permission of the Syndics of Cambridge University Library: 32

Aus: Lothar Krauth: Die Philosophie Carnaps. Wien–New York 1970: 37 (Foto: Brooks Colburn, Los Angeles)

Aus: Robert S. Cohen, Max W. Wartofsky (Hg.): Boston Studies in the Philosophy of Science. New York: Bd. II, 1965: 68. – Bd. VIII, 1971: 35 und Umschlagrückseite, 123

Ullstein Bilderdienst, Berlin: 42 oben, 42 unten

© British Academy. Aus: The Proceedings of the British Academy 46 (1960): 44
Aus: Paul K. Feyerabend, Grover Maxwell (Hg.): Mind, Matter, and Method. Minneapolis, Minn., 1966: 46
Richard Arens, University of California, Los Angeles: 51
Camera Press, London: 53 (Foto: Tom Blau)
Copyright by Paul Zilsel, Seattle, Wash.: 56
Archiv für Kunst und Geschichte, Berlin: 62
Aus: Wolfgang Stegmüller: Hauptströmungen der Gegenwartsphilosophie. Stuttgart [4]1969: 63 (privat), 114 (Foto: UCLA Photo Dep.)
Aus: Rudolf Haller, Friedrich Stadler (Hg.): Ernst Mach. Werk und Wirkung. Wien 1988: 64
Aus: Wladimir Iljitsch Lenin: Materialismus und Empiriokritizismus. Moskau 1909: 67
Adolf Hübner: 76
ADN, Berlin: 81
Bilderdienst Süddeutscher Verlag, München: 89
Courtesy of the Harvard University Archives, Cambridge, Mass.: 96
Aus: W. Langhammer: Bertrand Russell. Köln 1983: 97 (Bertrand Russell Archives der MacMaster University Hamilton/Ontario, Kanada)
Aus: Kant. Bildnisse: 104
Martin Heidegger: 107 (Ausschnitt)
Aus: Information Philosophie 4 (1983): 126

4501/1

Erich
Fromm
Rainer
Funk
rororo
bildmono
graphien